RECHERCHES ET DOUTES

SUR LA

NAISSANCE

DU

DUC DE BORDEAUX.

IMPRIMERIE DE LELEUX,

A LILLE.

RECHERCHES ET DOUTES

SUR LA

NAISSANCE

DU

DUC DE BORDEAUX,

ÉTABLIS

D'après la partie officielle du Moniteur

Et d'après les Journaux de l'époque.

Quidquid latet apparebit.
Dies iræ.

PARIS,

Mme Ve CHARLES-BÉCHET,

QUAI DES AUGUSTINS, 57.

1834.

AUX FRANÇAIS

DE

TOUS LES PARTIS.

———

On peut compter aujourd'hui en France trois opinions politiques. Elles se formulent par : la Charte de 1830, Henri V et la République.

Quelle que soit votre bannière, vous avez intérêt de connaître la vérité; il est de votre intérêt, sans doute, que tout le monde la connaisse.

Car un parti qui, pour prévaloir, reconnaîtrait secrètement qu'il a besoin du mensonge, pourrait d'avance s'avouer vaincu.

Je cherche la vérité sur un fait d'un

ij

intérêt profond et, selon moi, général. Mais il importe plus particulièrement de la manifester aux yeux de l'une des grandes masses politiques de la France. — Fait pivotal pour ce parti, ses conséquences maîtrisent l'opinion d'un nombre considérable de Français de toutes les classes, entretiennent la dissidence, et soulèvent des agitations quelquefois cruelles.

Il importe donc à la France, républicaine, juste-milieu ou carliste, que la vérité soit éclaircie à l'égard d'un tel fait. Car la fraction dominante, quelle qu'elle fût, ne pourrait méconnaître que le pouvoir reste imparfaitement assis, s'il ne s'appuie sur une grande majorité de citoyens; qu'il est faible et par conséquent plus ou moins oppresseur, s'il ne repose sur l'opinion presque universelle.

Républicains, si vous n'avez l'intention de recommencer quatre-vingt-treize, vos intérêts une fois arrivés au pouvoir, deviendraient, relativement au sujet dont je vais parler, les mêmes que ceux de la France constitutionnelle.

Juste-milieu, aujourd'hui la France c'est vous.

Henriquinquistes, si vous pouvez combattre victorieusement cet écrit, ce sera pour vous un juste sujet de triomphe; car vous aurez réhabilité, sur un point vital pour vous, les objets de votre vénération; vous aurez confirmé la légitimité de Henri V. Sinon, prenez garde que la fidélité dont vous vous faites gloire, se trouverait sans objet. — N'allez pas vous refuser à tout examen, de crainte des conséquences. — Vous pourrez vous convaincre que j'ai apporté la plus scrupuleuse fidélité dans l'exposition des faits : je cite mes autorités. — Quant aux conséquences, il faut examiner si elles découlent nécessairement des faits : à cet égard, j'ai pris à tâche de me rappeler sans cesse que l'on ne saurait pousser trop loin la défiance de ses lumières. — Jusqu'ici, dans cette grande cause, vous seuls aviez parlé; j'ai cherché à rétablir les pièces du procès. Maintenant la France jugera.

RECHERCHES ET DOUTES

SUR

La Naissance

DU

DUC DE BORDEAUX.

INTRODUCTION.

Union, ordre public.

(Nos drapeaux.)

En 1820, la nouvelle de la grossesse de la duchesse de Berry porta la joie dans le cœur des ennemis du système constitutionnel. Cette joie n'admettait aucun doute. Leur règne était attaché à la naissance d'un garçon ; et le Ciel, qui les protégeait, ne pouvait manquer de le leur accorder, puisqu'il leur en fallait un. Ils y comptaient. Il y avait bien, à la vérité, chance à peu près égale pour une fille ; mais puisqu'ils avaient déjà pour eux une grossesse si peu présumable, le plus fort était fait : fille ou garçon, l'enfant devait naître mâle, la France n'en douta point ; et quelques-uns parmi eux ne niaient même pas qu'au besoin on substituerait un garçon à une fille. On fit bien mieux ! La légitimité nous traita, nous peuple français, comme un peuple de nigauds.

Sans ce royal enfant, la branche aînée était menacée de s'éteindre, et avec elle toutes les espérances

1

du parti rétrograde. Le petit prince vint donc si à propos pour les gens de l'ancien régime, que l'on fut porté à soupçonner une supposition de part. Il fut néanmoins solennellement reconnu en France, il le fut par les cours étrangères, il le fut par la branche cadette dont il lésait profondément les intérêts. Le duc de Bordeaux est en possession d'état, donc le duc de Bordeaux est fils légitime; il le fut du moins jusqu'ici, sans contestation fondée, sans récusation valable, sans opposition avouée.

Les cours de l'Europe, peu favorables à la liberté des peuples, virent apparaître cet enfant avec satisfaction; elles n'avaient garde de le récuser.

La France, opprimée comme elle l'était, ne pouvait exprimer ses soupçons.

Le duc d'Orléans, s'il eût manifesté des doutes, se serait fait exiler. Une protestation parut, à la vérité, sous son nom, dans les journaux anglais; mais alors il ne lui était pas possible d'avouer hautement cette protestation : depuis, la volonté nationale l'a rendue inutile; s'en faire un appui eût été un contre-sens, une hérésie. Les droits héréditaires du duc d'Orléans furent abolis sous les pavés de juillet. Louis-Philippe, roi par la sagesse du peuple, dut s'abstenir de cette question, car il règne non en sa qualité de Bourbon, mais quoique Bourbon. Ainsi le peuple français, sans colère et sans haine, fit à la fois deux actes de justice.

Il ne m'appartient pas de porter un jugement sur la validité de cette protestation; je n'y puiserai aucun de mes moyens. Cependant je la joindrai à cette brochure avec les pièces officielles.

Publier plus tôt ces recherches, eût été inutile ou inopportun : inutile, parce que jusqu'ici la politique ne se règle pas avec de la justice et de la vérité, mais avec de la force. Si les légitimistes eussent triomphé, peu importait que leur Henri V fût illégitime; inopportun, car on eût pu attribuer à cette publication une intention de quasi-légitimité qui est loin de ma pensée, on eût feint de croire que le but en était de corroborer la royauté de Louis-Philippe des titres héréditaires du duc d'Orléans.

Mais si la question est superflue pour le roi des Français, sa solution n'est point indifférente pour le repos intérieur de la France; ne fût-ce que pour tranquilliser bien des consciences. Si les légitimistes sont maintenant tranquilles en apparence, ils ne sont pas pour cela résignés, ils n'ont pas renoncé à leurs manœuvres souterraines; à la moindre occasion ils les reprendraient au grand jour (1). Il faut donc leur ôter, autant que nous le pouvons, leurs moyens d'influence.

Et quel moyen plus sûr de les paralyser, que d'éclairer les esprits simples qu'ils abusent au nom du droit divin et de la légitimité, de leur faire connaître la fausseté de leur idole, de dissiper le prestige qui les attache à Henri V, au moment où leurs guides, aveugles ou perfides, proclament que, devenu

____

(1) On en voit dans le Midi des effets déplorables, pendant que ceci est à l'impression.

majeur, cet enfant de treize ans et un jour est capable de régner?. . . . .

La plupart des motifs présentés, dans la discussion, à l'appui de la loi qui exclut à perpétuité du territoire français la branche aînée des Bourbons, s'appliquent à l'objet de ce Mémoire; je me bornerai à en emprunter les passages suivans :

« Je sais aussi les droits qu'ont à la pitié l'enfance et la vieillesse, même criminelle; mais lorsqu'un vieillard et un enfant sont l'âme et le drapeau d'un parti anti-national, les liens qui rattachent les projets les plus odieux au passé le plus coupable, la faiblesse et l'ineptie des individus disparaissent, et il n'est plus permis de considérer que les complots qui, sans eux, manqueraient de mobile et de but . . . . . .
. . . .

» Ces trames échoueront sans doute, quelles qu'en puissent être les ramifications; mais vous devez à la tranquillité de votre pays d'en couper les fils qui sont à votre portée, d'en arrêter le développement. » (M. *Baude.)*

« Ces chances que la branche aînée des Bourbons ne pourra jamais conquérir, elle cherche à les obtenir à force d'intrigues et de complots. Sans nous alarmer de ces tentatives, dissipons tout sujet d'inquiétudes pour la nation, détruisons toute espérance dans le cœur de nos ennemis. C'est pour cela, messieurs, c'est pour le repos et la tranquillité publique qu'il faut consacrer cette mesure . . . .» (M. *Chaix d'Est-Ange.*) [1]

L'insuffisance de cette mesure était déjà reconnue, lorsque, parodiste de l'héroïne de Bordeaux, l'héroïne de Blaye apporta en France la guerre civile. — La grande nation dédaigna une fois encore de se venger d'un si frêle ennemi, dont les efforts les plus déterminés, à part les maux qui en résultèrent, n'aboutirent qu'au résultat vulgaire d'une scène de boudoir.

Les agitateurs, au nom de la royauté déchue, ne cessent, encore aujourd'hui, de mettre en avant les prétendus droits du duc de Bordeaux; ils les soutiennent par la voie de la presse, et jusques en face des tribunaux : l'un d'eux, le comte J.ʰ Gordon, écrit « qu'un serment prêté à un roi qui, selon son opinion, est un usurpateur, il regarde cela comme une infamie. . . . . Ce n'est maintenant qu'au duc de Bordeaux, comme héritier du trône, par l'abdication du roi et de Mgr. le dauphin, qu'il lui serait permis de prêter un pareil serment. » (Cour d'assises de la Seine, 30 novembre 1832.)

Même cour, affaire de Saint-Germain-l'Auxerrois, le défenseur de Balthazar fait entendre ces paroles : « Si le duc de Bordeaux a perdu comme prince ses droits au respect, comme enfant il en conserve *à l'amour* de tous les Français. »

Ici des applaudissemens éclatent. Le président

---

[1] Séance du 16 mars 1831. — Le *Temps*, 17 mars.

frappe en vain sur son pupitre : les dames battent des mains avec ardeur ; une d'elles essuie ses yeux, puis elle les lève au ciel avec une expression qui semble dire : « Pauvre petit ! » (Le *Temps*, 23 avril 1831.)

Des pièces de cinq francs à l'effigie de Henri V circulèrent en Vendée dès le premier semestre de 1831. *(Écho du Nord*, 9 juillet 1831.)

La 3.ᵉ livraison de l'*Invariable* (des jésuites de Fribourg) dit de Louis-Philippe « qu'il est un compagnon de brigands, et que son cœur n'est que cendre.... » Il annonce « un tout petit enfant qui doit nous tirer de l'abîme. »

Un des leurs imprime : « Nous avons demandé au *Rénovateur* de nous citer un seul royaliste qui veuille prêter serment à Louis-Philippe, *sans restriction et sans explication, le serment de la loi,* portant le mot *fidélité,* après le 1.ᵉʳ octobre 1833. »

La *Quotidienne* publie le factum du duc de Fitz-James contre le serment politique.

Elle pose ainsi la question :

« Le légitimiste ne prête pas le serment demandé.

» — Pourquoi cela ?

» — Parce qu'il est légitimiste. »

Le 14 juillet 1833, à Cette, les légitimistes, réunis dans un banquet pour la Saint-Henri, font entendre des chants séditieux et lancent des chaises sur les agens de l'autorité.

À Narbonne, des affiches sont placardées en l'honneur de *Henri IV second.*

A Marseille, au spectacle, on chante la *Marseillaise* et l'on méconnaît les autorités.

A Avignon, des serpentaux sont lancés.

A Vannes, le 16, un coup de fusil est tiré sur le factionnaire à la porte du général ; la même nuit, des placards sont affichés en plusieurs endroits.

— « Après les protestations de la *Quotidienne*, viennent les plaintes judiciaires. Voici le titre de celle qu'elle publie (18 ou 19 mai) :

» PLAINTE pour cause de présomption légale de supposition d'enfant, commise par les ministres et les agens du gouvernement, envers S. A. R. Mme la duchesse de Berry, adressée à MM. les procureurs-généraux près les cours royales de Paris et de Bordeaux, etc..... Aux fins de laquelle plainte, comme suite de la dénonciation et de l'accusation civile des 8 avril et 1.er mai derniers, les soussignés se constituent également parties civiles.

» Rédigée par Me Batteur et souscrite par le comte Florian de Kergorlay. »

— On voit que ces messieurs ne se gênent pas pour attaquer le gouvernement dans ses actes ; seront-ils assez conséquens pour excuser l'irrévérence des présentes investigations sur un acte de leur gouvernement de prédilection ?

Je bornerai là des citations dont chaque jour pourrait grossir le nombre et l'importance.

Les peuples, ainsi que les rois, sont enclins à se flatter ; ils regardent comme unanimes les manifestations et les applaudissemens ; chacun dit de son parti, « la nation. » On se repose sur les acclamations, libres et vraies, sans doute aujourd'hui, sur les concours immenses de citoyens ; mais dans ces fêtes, de même qu'aux incendies, que de curieux indifférens ou hostiles ! Et puis, *tous* y sont-ils ? chaque pouvoir, pendant son règne, n'a-t-il pas ses fêtes, toutes nationales en apparence et toutes universelles ? Les administrateurs s'y laissent tromper de même. — Si le prudent Louis XVIII, pendant ses trois dernières années, n'eût pas été cloué dans son fauteuil, il eût vu la France autrement qu'à travers les fausses gazettes que l'on imprimait exprès pour lui seul. Si Charles X, après ses tournées royales à Lille ou à Strasbourg, eût écouté *incognito* les litanies à demi-voix des cabarets, il serait encore à Paris. Si les préfets, en tournée dans les départemens les plus paisibles, pouvaient, comme Henri IV et Giaffar, parcourir les lieux publics, pénétrer dans l'intérieur des familles, dans les conciliabules secrets, ils observeraient par eux-mêmes, dans de trop nombreuses localités, quel misérable esprit public, quelles déplorables erreurs sur les vrais intérêts de la nation, quel profond aveuglement soigneusement entretenu. De là la croyance aux bruits tous plus absurdes, par lesquels les coryphées de la légitimité entretiennent de folles et déplorables espérances.

Partout les agitateurs ne cessent de mettre en avant les droits de Henri V ; ils remuent la conscience d'hommes abusés par les impostures du parti. A ceux-ci, toutes lois contre la branche déchue paraissent iniques ; dans leur for intérieur ils ne se croient point obligés d'y conformer leur conduite ; en continuant à conspirer, ils se croient vertueux.

Il est donc nécessaire de leur dessiller les yeux.

« C'est pour moi un devoir d'apporter dans cette discussion toute l'impartialité, toute la rigueur de mon jugement, d'abdiquer toute crainte, tout scrupule envers les personnes, toute considération de respect humain. Mon intention est assurément de dire la vérité sans offenser qui que ce soit ; mais si la vérité semble amère à quelques-uns de ceux qui l'écoutent, la faute n'en est pas à moi. »

(Anonyme.)

Il est constant que Charles X et le duc d'Angoulême, son fils, ont renoncé au trône de France.

Ils ont prétendu transmettre la couronne, par héritage légitime, au duc de Bordeaux, sous le nom de Henri V.

C'est aux partisans de bonne foi de la légitimité que je m'adresse, aux hommes croyant à la légitimité de droit divin, à des concitoyens estimables d'ailleurs, mais qu'un motif spécieux de légitimité a égarés jusqu'à ce jour. Si je leur prouve que la naissance du duc de Bordeaux est au moins très-douteuse, la conduite qu'il leur restera à suivre leur sera prescrite par cet adage : *Dans le doute, si une action est bonne ou mauvaise, abstiens-toi.* S'il leur

était démontré que le duc de Bordeaux est un enfant
supposé, quel motif de conscience leur resterait-il
de ne point se rallier à la masse de la nation, au roi
Louis-Philippe?

Les carlistes firent publier, sous le nom de
M. Deneux, une lettre dans laquelle, partant tacite-
ment du principe de la légitimité de droit divin, ils
soutiennent la légitimité de la naissance du duc de
Bordeaux, s'appuient du silence que garde à ce
sujet un personnage auguste, et semblent mettre au
défi le roi des Français.

Voici cette lettre, précédée d'une autre qui sert
d'envoi : (1)

« *Au Rédacteur de la* Gazette de France.

» M. le Rédacteur,

» Je vous prie de vouloir bien faire insérer dans le plus
prochain numéro de votre excellent journal, la note ci-
jointe, que je vais adresser à tous les autres journaux.

» J'ai l'honneur, etc.

> » Signé : DENEUX, *accoucheur de S. A. R.*
> *MADAME, duchesse de Berry.* »

> « Paris, 29 janvier 1831.

» *Au Rédacteur (du* Temps).

» Depuis quelques mois, de vils pamphlétaires n'ont pas
honte d'amasser mensonges sur mensonges, pour jeter du
doute sur la légitimité de S. A. R. Mgr. le duc de Bordeaux.

---

(1) Extraites du journal le *Temps*, numéro du 1.ᵉʳ février 1831,
colonne 6375.

Quelqu'intéressé que j'aie pu être dans la question, je n'ai pas cru devoir répondre à des misérables qui ne vivent que de calomnies, et qui, rougissant sans doute de leur infamie, se cachent sous le voile de l'anonyme. Aujourd'hui qu'un député a osé, dans le sein même de la chambre, répéter ces calomnies, il ne m'est plus permis de me taire. Quelques mots suffiront à ma réponse. Il n'est sans doute pas de l'intérêt de la dynastie assise aujourd'hui sur le trône de France d'envelopper de mystère la substitution d'un enfant qui lui porta tant d'ombrage, de céler un crime qui n'aurait été commis que contre elle. Si le silence qu'elle garde à ce sujet ne suffisait pas pour convaincre, il resterait un moyen que l'honnêteté ne repousserait pas, je veux parler d'une enquête. *Plusieurs des personnes qui ont assisté à l'accouchement* de S. A. R. Mme la duchesse de Berry existent encore, et parmi elles il en est qui, sous le rapport de l'honneur, ne craignent pas la comparaison avec M. de Bricqueville.

» *Signé* : **DENEUX.** »

Il m'est difficile de croire que cette lettre soit de M. Deneux : l'eût-il écrite, je ne penserais point qu'il eût voulu mentir à sa conscience ; mais je dirais que, maîtrisé par sa situation et pressé par le parti où il se trouve engagé, il ne peut abjurer un rôle imposé.

Le parti dont la lettre est l'ouvrage, en mettant en avant une proposition d'enquête, s'empare d'un dilemme redoutable. Si l'autorité provoque l'enquête, il imputera au roi une arrière-pensée de légitimité ; et, répandant ce germe de division, il aura atteint son but : si elle ne la provoque point, la lettre devient péremptoire, et le duc de Bordeaux reste fils légitime. Alors ils ne cesseront, comme ils l'ont fait jusqu'ici, d'exciter des troubles au nom de ce nouveau prétendant, et, s'ils le pouvaient encore, d'organiser les massacres et la guerre civile.

Ne resterait-il donc qu'*un moyen que l'honnêteté ne repousserait pas,* d'éclaircir la vérité sur la légitimité de la naissance du duc de Bordeaux ?

Puisque personne ne s'est présenté, je vais essayer de porter quelque lumière sur cette question, dont peut-être on ne s'en est dissimulé jusqu'à présent l'importance, que par l'extrême difficulté de la résoudre. (1)

L'auteur de la lettre se prévaut de ce que « la » naissance du duc de Bordeaux n'a été attaquée que » par de vils pamphlétaires. Il se targue de témoins » qui, sous le rapport de l'honneur, ne craindraient pas » la comparaison avec un honorable député. »

Feignant d'ignorer que le silence du roi est

---

(1) « Le devoir d'un bon citoyen est d'appeler l'attention sur de semblables faits, et il se trouve combattu dans son désir par la difficulté de réunir des preuves précises. » (M. *Dupont* [de l'Eure], cour d'assises de la Seine.)

N'est-ce pas la même difficulté généralement sentie, qui excita l'hilarité de la chambre des députés, et causa le rejet de la « pétition du S.ʳ Ladvocat, à Bar-le-Duc, demandant que l'on vérifiât si le duc de Bordeaux est légitime ou non, et qu'en cas où la légitimité ne pourrait pas être démontrée, le château de Chambord soit rendu au domaine public ? » (Séance du 19 mars 1831.)

commandé par la question de principe, il veut persuader que ce silence est dû à l'impossibilité de prouver la supposition de part. Il compte bien qu'on ne peut représenter de vestiges matériels, et qu'il n'a rien à craindre de la discrétion intéressée du petit nombre d'agens restés en France.

Puisque se vantant d'honorables témoins (qui pourtant n'ont pas été présens à l'accouchement), il dédaignerait un adversaire anonyme, ou même peu connu sans doute, puisqu'il lui faut des noms, je les choisirai d'une autorité prépondérante, j'évoquerai des témoins qu'il ne saurait récuser : le MONITEUR et M. DENEUX. Si les dépositions officielles, justement appréciées, entièrement comprises, prouvent contre lui, libre au signataire de crier à la calomnie contre ses propres témoins, contre son propre témoignage.

Il est nécessaire de présenter ici quelques observations.

L'auteur de la lettre prétend établir comme vérité une erreur manifeste : confondant sciemment sous le terme collectif d'accouchement plusieurs actes différens et successifs, il donnera comme témoins de l'accouchement les personnes qui ont signé aux registres de la maison royale, dont l'extrait est imprimé dans le *Moniteur* du 3o septembre 182o. (1)

____

(1) On trouvera ces pièces à la fin.

Je ferai observer de ne pas confondre l'accouchement proprement dit, c'est-à-dire la naissance, *la sortie de l'enfant,* avec l'exhibition d'un cordon ombilical, avec la sortie de l'arrière-faix. Ce dernier acte est désigné particulièrement dans les livres, par le mot *délivrance.* Et si, en généralisant, on veut étendre le terme *accouchement* à la fois à la sortie de l'enfant et à celle de l'arrière-faix, je dirai que les témoins n'ont point assisté à la naissance de l'enfant, qu'ils ont seulement assisté à la section d'un cordon ombilical. Mme Bourgeois est la seule qui aurait été présente à l'accouchement. Tous et chacun des autres témoins, M. Deneux lui-même, ont déclaré que *l'enfant était venu* lorsqu'ils entrèrent dans la chambre de la princesse.

Où donc le pseudonyme (soit M. Deneux) prendrait-il les témoins, qu'il se vante de produire, de l'accouchement? entendons toujours de la naissance de l'enfant; car ici qu'il ne s'agit pas de poésie, mais de politique, mais de médecine légale, il n'est pas permis de prendre la partie pour le tout. Et quelle partie minime encore! On n'a point assisté à la naissance de l'enfant, on n'a point assisté à la sortie de l'arrière-faix; on a seulement vu un cordon ombilical, on l'a vu couper; et l'on donnerait cela comme une preuve authentique, lorsqu'il s'agit de l'héritier du trône de France!.....

Je reconnais que quinze témoins disent avoir vu l'enfant tenant encore à la mère par le cordon ombilical. On leur montra le cordon, on leur dit que l'enfant tenait encore à la mère; s'ils ne soupçonnaient pas de fraude, il était naturel qu'ils le crussent. Nul d'entr'eux ne vérifia si le cordon tenait véritablement à la mère; nul ne s'assura si le cordon appartenait réellement à l'enfant. Tout le poids de leur témoignage se réduit à une seule certitude, c'est qu'ils ont vu un cordon ombilical. Il y a bien un enfant, un cordon, des témoins; mais il n'y a pas de témoins de l'accouchement.

On pourra apprécier à leur juste valeur la croyance des témoins et la certitude qu'ils ont pu croire avoir acquise. Il ne serait pas étonnant que plus d'un parmi eux, après avoir lu ce Mémoire, doutât de l'accouchement qu'il a affirmé de son témoignage, doutât de la réalité de ce qu'il a vu de ses yeux.

Je me propose :

1.º D'examiner si la duchesse de Berry fut enceinte ;

2.º De rechercher, d'après les déclarations des témoins de l'accouchement, insérées dans le *Moniteur*, si la duchesse de Berry accoucha lorsque fut donné à la France le duc de Bordeaux ;

3.º De relever les invraisemblances, de faire ressortir par rapprochement les contradictions accumulées pendant l'accouchement et les jours qui le suivirent.

GROSSESSE.

Recordare.

(Dies iræ.)

Le bruit s'était répandu, peu de temps auparavant l'assassinat du duc de Berry, que la princesse, depuis la naissance de Mademoiselle, avait eu une perte, après laquelle l'accoucheur aurait averti le duc, qu'il ne devait point exposer de sitôt son épouse à une nouvelle conception. Aussi les premières espérances de grossesse, qui furent publiées après la déplorable catastrophe, excitèrent un étonnement général. — N'ayant point retrouvé, dans ceux des journaux que j'ai pu me procurer, de documens sur cet article, je n'en fais ici mention que pour mémoire.

Je dois rappeler que dans ces jours de deuil, qui ne laissaient que de bien douteuses et lointaines espérances, les royalistes *purs* voulaient, à défaut de la branche aînée, appeler à la succession un Bourbon d'Espagne. Ils ne tenaient pas compte, eux, légitimistes pourtant, de la branche d'Orléans. Ils voulaient l'écarter à tout prix, car avec elle, plus d'apparence d'exploiter financièrement et féodalement la France. Il leur fallait un roi absolutiste et rétrograde, ils ne pouvaient s'adresser mieux. (I)

---

(1) Le *Nord* donne à ce sujet un article que je suis heureux de rencontrer à temps pour en reproduire un extrait. (*Voyez à la fin.*)

Il est certain, on le verra de reste, que, même dans l'intimité de la famille, il n'avait été nullement question de grossesse avant la mort du duc de Berry : examinons s'il est vrai que, dans cette nuit fatale, elle ait été révélée, si même il y fut fait aucune allusion.

Les paroles attribuées au duc de Berry, prononcées, dit-on, en présence du duc d'Angoulême, à qui il venait de révéler un secret : « Mon amie, ne vous » laissez pas abattre par la douleur; ménagez-vous pour » l'enfant que vous devez encore donner à la France, » n'ont aucun caractère d'authenticité; elles ne furent publiées que le 15, et ne furent point recueillies par le *Moniteur*.

Selon une autre version également tardive des journaux, c'est en secret, encore au duc d'Angoulême ou au roi Louis XVIII que le duc de Berry aurait révélé cette importante grossesse; on dirait même que ce fut le roi qui aurait appris à la duchesse qu'elle était enceinte.

Troisième version : le *Journal de Paris* du 15 février rapporte, sous la date du 14 : « A la vue du désespoir » de Mme la duchesse de Berry, le prince la conjura » de songer à l'enfant qu'elle portait dans son sein. » Cette circonstance, ignorée jusqu'alors, laisse à la » France, mais malheureusement dans un avenir bien » éloigné, quelques consolations. »

D'après ces trois versions seulement, si le prince à haute voix conjura son épouse de songer à l'enfant qu'elle portait dans son sein, il n'est pas naturel que, pour communiquer au roi ou au duc d'Angoulême cette espérance, il leur en dît la nouvelle en secret.

Le *Moniteur* du 15 février dit qu'*il parle d'après les renseignemens qui doivent lui paraître les plus authentiques*. Il rapporte que plusieurs hommes de l'art, mandés, sont accourus, parmi lesquels MM. Dupuytren et Dubois; que le prince a demandé à voir sa fille, et lui a donné la bénédiction paternelle; qu'il a recommandé au roi ses fidèles serviteurs, et a réclamé du roi la grâce de son assassin.

Le même *numéro* contient le discours du ministre de Cazes à la Chambre des Pairs, au sujet du déplorable événement, ainsi que la lettre d'annonce aux deux Chambres.

Ce discours et cette lettre ne font pas la moindre allusion à la prétendue révélation.

Serait-ce le refus de se charger d'une déclaration si *hasardée* qui provoqua, contre le duc de Cazes, la colère des *ultrà*, leurs attaques aussi furibondes qu'inattendues, et par suite sa disgrâce? S'il m'en souvient bien, ils demandèrent la mise en accusation du président du conseil, comme coupable de l'assassinat du duc de Berry : ne serait-ce pas qu'ils entendaient par-là que le ministre devenait coupable à leurs yeux de certaines conséquences éloignées de la mort du duc de Berry, par cela seul qu'il ne voulait pas proclamer un mensonge à la face de l'Europe, pour les aider à détourner ces conséquences?

Comment se fait-il que M. Grand-Sire, secrétaire de l'Académie royale de musique, sur le lit duquel le prince blessé fut placé et expira, ne fasse point mention dans sa lettre, datée du 16, d'une si importante révélation; qu'il n'y fasse même aucune allusion? M. Grand-Sire était présent; il semble qu'il ne quitta point le blessé : il se borne à dépeindre les nobles et religieux sentimens exprimés par l'infortuné duc de Berry et son inconsolable épouse. (1)

Si le prince ou le roi eussent proféré les paroles qui leur furent attribuées, la duchesse se fût bien rappelée qu'il lui restait l'espoir de devenir mère. Mais elle n'avait pas la pensée que cela fût possible, car elle manifesta l'intention de retourner en Sicile, et se retira immédiatement à Saint-Cloud, auprès de M.me la duchesse d'Orléans, sa tante. (2)

On lit dans la *Feuille de Douai* du 24 février, sous la date de Paris, 17 (3) : « Le prince tremblait que le » roi n'arrivât trop tard à son lit de mort. Je crains, » disait-il de temps en temps, de n'avoir pas le temps » de demander la grâce de cet homme. »

Ainsi le duc de Berry mourant n'avait rien de plus important à dire au roi. Et cependant le roi n'avait pas d'idée de la présomption de grossesse, car l'exclamation lui en fût échappée au milieu de tous ces rejetons de roi à l'avance desséchés sur leur tige : eût-il pu la retenir au lit du prince? et l'illustre victime, lorsqu'elle donnait à sa fille la bénédiction

---

(1) *Moniteur*, 18 février 1820, page 197, 3.e colonne.

(2) Elle partit de Paris à six heures du soir selon certains journaux, à sept heures selon d'autres.

(3) Je cite ceux des journaux que j'ai pu retrouver : au moyen des dates, il sera facile de vérifier dans les journaux de Paris.

paternelle, n'eût-elle pas proclamé hautement une si chère espérance? Tous les journaux, *en même temps* qu'ils annoncèrent la catastrophe, se fussent empressés de répandre cette rassurante nouvelle.

Il est apparent que ce n'est qu'après la mort du duc de Berry, et au plus tôt dans la journée du 14, que fut inventée la prétendue révélation.

Le roi va visiter *le* 19, à Saint-Cloud, Mme la duchesse de Berry. *Cette visite adoucit sensiblement la douleur de l'auguste veuve.* Elle renonce à la résolution de quitter la France (s'éloigne de sa tante, Mme la duchesse d'Orléans). Elle vient demeurer aux Tuileries. (1) [2]

Quel baume le roi versa-t-il donc sur le cœur déchiré de la princesse? quelles magiques paroles enchantèrent une immense et juste douleur? Malgré le respect dû à une haute infortune, il faut bien le dire: N'est-ce pas qu'il lui porta sa résolution de lui attribuer une grossesse; n'est-ce pas qu'il l'assura qu'elle ne quitterait point ce délicieux pays de France, où elle se plaisait tant?.(3)

---

(1) *Moniteur,* 21 février, page 211, 3.e colonne.

[2] Elle fut ramenée au petit pas. Avait-on pris la même précaution le 14, en la conduisant à Saint-Cloud?

(3) Saint-Cloud, 20 février. « Hier après-midi, S. M. est arrivée au palais de Saint-Cloud par le jardin. Le roi lui a porté (à la princesse) des paroles de consolation, qui étaient de nature à la porter à la résignation et à RAPPELER A SON SOUVENIR qu'elle est mère, et *qu'elle porte peut-être dans son sein l'espoir de la France et de sa famille.* » (*Quotidienne,* 21 janvier 1820.)

Si la duchesse de Berry eût été enceinte ou présumée telle, elle n'eût point, surtout avec le caractère qu'on lui connaît, manifesté ni conçu la pensée de quitter la France. A l'égard des soins relatifs à sa santé, aux premiers soupçons d'une grossesse, on eût redoublé de précautions ; on eût exigé qu'elle en passât les premiers mois couchée en situation horizontale : eût-elle donné chez elle, le 29 janvier, un grand bal auquel assistèrent *Monsieur, Madame,* Mgr. le duc d'Angoulême et quinze cents personnes, lequel ne finit qu'à quatre heures du matin (1)? fût-elle allée, le 12 février, au bal chez M. Greatful, pair de France (2), et le jour fatal à l'Opéra ?

Malgré tous les soins dont sans doute elle avait été entourée lors de ses grossesses précédentes, et quoiqu'elle n'eût été exposée à aucun accident, deux enfans, sur trois qu'avait eus la princesse, étaient morts en naissant (3). Et cette fois (qu'elle eût récem-

---

(1) *Feuille de Douai,* 5 février. Date de Paris, 30 janvier.

(2) Rue d'Artois, chez M. Greatful, pair de France, qui, frappé de terreur à la pensée que le prince eût pu être assassiné chez lui, mourut de saisissement. M.me Greatful en fut très-malade. *(Feuille de Douai,* 26 février, page 98, 2.e colonne, et 29 février, page 104, 1.re colonne. Date de Paris, 18 et 22.)

La duchesse se montra en public les 7, 15 et 31 décembre 1819 ; les 1.er, 8, 11, 13, 21 et 29 janvier 1820 ; les 6, 7, 12 et 13 février. *(Journal de Paris.)*

(3) Le 13 juillet 1817, la princesse mit au monde une fille qui ne vécut point ;

Le 13 septembre 1818, un prince qui mourut deux heures après sa naissance.

ment essuyé ou non une perte), l'horrible spectacle d'un époux assassiné à ses pieds ne détruisit point le frêle germe dans le sein maternel! et elle mit au monde un enfant si vigoureux, si assuré de vivre, qu'on ne jugea pas à propos de l'ondoyer!

Si quelque symptôme de grossesse se fût manifesté avant la mort du duc de Berry, s'il en eût exprimé le plus léger soupçon, tous les intéressés n'en eussent fait qu'un cri! on se fût empressé, en cet instant fatal, de les publier à haute voix : les indices les plus incertains eussent obtenu et mérité plus de confiance que les paroles vainement attribuées depuis au prince mourant, que les expressions mystérieuses attribuées à Louis XVIII.

On avait si bien l'intention de supposer un enfant, que le bruit se répandit jusque dans les départemens *d'une grossesse de M.*^me* la duchesse d'Angoulême.* Mais sans doute quelque personne de l'art vint faire reconnaître pour le moment critique une difficulté péremptoire, une impossibilité (1); force fut donc de reporter la grossesse à *la duchesse de Berry.* Les

---

Plusieurs journaux rapportèrent que c'était une fausse couche.

Le 21 septembre 1819, naquit MADEMOISELLE;

Le 29 septembre 1820, le duc de Bordeaux.

(1) Voici en quoi consiste cette difficulté : non-seulement chez les primipares d'un âge avancé, la rigidité du passage, qui n'a pas été préparé par de précédens accouchemens, rendrait la sortie plus lente qu'à l'ordinaire, mais encore les os de l'enfant sont plus durs. La tête, plus solide, ne peut que difficilement se mouler et s'allonger à travers la filière des détroits; ce qui rend l'accouchement laborieux et prolonge beaucoup la durée du travail.

Parisiens, à qui il n'était plus permis de chanter, stigmatisèrent cette hésitation par une caricature dont l'allégorie fut comprise : cette fois la lithographie burinait de l'histoire. (1)

Quelque mystérieux que mon sujet soit de sa nature, quoique j'aie évité de mettre en œuvre d'autres matériaux que ceux sanctionnés par la publicité restreinte de l'époque, quoique par suite d'une telle réserve, cette revue soit restée incomplète, plus d'un lecteur doutera au moins que la duchesse de Berry fut enceinte lorsqu'elle perdit son époux (2). Si elle l'eût été en effet, le tendre embryon (le germe) eût-il pu résister, chez elle, à l'effroyable saisissement qu'elle dut éprouver ? On se persuadera difficilement qu'elle n'eût pas avorté.

Jusqu'ici nous n'en sommes qu'aux invraisemblances ; sans vouloir les ériger en preuves, j'ai dû les rappeler. Je vais maintenant entreprendre l'exploration du *Moniteur*. On verra s'accumuler une série nouvelle d'invraisemblances officiellement publiées : on y rencontrera des choses contradictoires ; j'en exhumerai la plus importante révélation. Il suffira pour cela de la dégager des voiles dans lesquels elle est restée ensevelie jusqu'à ce jour.

____

(1) L'une des princesses, d'un air d'impatience, tirait de dessous sa robe un ventre postiche, et le passait à l'autre en lui disant : A votre tour, ou *à vous la balle*. Le *Journal de la Librairie* a enregistré une lithographie portant ce titre, sous le N.° 989.

(2) D'autres regretteront, d'autres encore s'applaudiront de n'y point trouver des particularités dont ils ont connaissance ; elle se renforcera pour chacun de ses souvenirs.

ACCOUCHEMENT.

EXAMEN CRITIQUE, RÉDIGÉ D'APRÈS LES PIÈCES OFFICIELLES
ET LES DÉTAILS CONSIGNÉS DANS LE MONITEUR.

> Liber scriptus proferetur.
> (*Dies iræ.*)

J'AURAI soin de n'omettre dans cet examen aucun témoignage du *Moniteur*, aucun article de ce journal qui soit de nature à m'être opposé.

Mme de Vathaire et Mme Bourgeois, femmes de Mme la duchesse de Berry, la quittent à deux heures de nuit, en parfaite santé. La princesse ressentait si peu les préliminaires de l'accouchement, qu'elle laissa ses femmes se coucher et resta sans lumière. (1)

Peu de temps après, une demi-heure au plus, éveillées à la voix de la princesse, elles accourent toutes deux. On ne dit pas dans quel appareil étaient ces femmes si subitement arrachées à leur premier sommeil. Tout porte à croire qu'elles s'étaient couchées habillées, quoique rien n'eût annoncé les approches du travail, quoique la garde, Mme Lemoine, fût tranquillement couchée hors de l'appartement de la duchesse.

---

(1) Qui pourrait nous apprendre aujourd'hui si la princesse restait aussi sans lumière les autres nuits? Mme de Vathaire, jouissant toujours de la confiance de la princesse, a reparu à Blaye et l'a suivie en Sicile: on n'a plus entendu parler de Mme Bourgeois.

La princesse dit à Mme Bourgeois qu'elle est à l'instant d'accoucher. Mme de Vathaire avait la clef de l'appartement des enfans de France, afin d'avertir plus promptement *aux premières souffrances* M. Deneux, accoucheur, et Mme de Gontaut, gouvernante des enfans de France ; fallait-il bien deux minutes pour aller et revenir ? *Elle s'empresse d'y courir ;* à son retour, l'enfant était venu.

C'est Mme Bourgeois que la duchesse avait appelée par son nom, en *s'écriant :* « Vite, il n'y a pas un » instant à perdre ! » Mme Bourgeois saute du lit, tire les sonnettes (1), et, sans lumière, arrive au lit de la princesse (2). Elle y reçut aussitôt la tête de l'enfant. Elle quitte alors S. A. R. pour aller à la lampe allumer un flambeau, sans qu'elle ni la princesse eussent souci du reste. La princesse n'est point effrayée, n'est pas hors d'elle-même d'un accouchement si inopiné, si subit ; elle peut reconnaître elle-même que c'est un garçon.

Tout ceci se passait pendant la courte absence de Mme de Vathaire. A son retour, elle pense (et sans doute exprime, car à quoi bon insérer dans les fastes de la famille royale ce qu'elle avait pensé ?) qu'il fallait aller quérir des témoins. Elle était en train de courir, et cependant c'est à Mme Bourgeois, qui venait de recevoir la tête de l'enfant, qui, après

---

(1) Il paraît que les gens n'y obéirent pas promptement, ils n'étaient point dans le secret.

(2) Il n'y avait donc pas non plus de lumière dans les cabinets des femmes de la duchesse ?

avoir allumé le flambeau, remua l'enfant sans doute, le prit avec les mains dans une mare de sang, pour que la princesse pût en distinguer le sexe ; c'est à elle, qui devait avoir les mains ensanglantées, que la princesse devait préférer garder près d'elle en attendant M. Deneux ; c'est à Mme Bourgeois que la princesse ordonne d'aller quérir des factionnaires pour témoins. Elle descend en chercher. Pourquoi sa déposition minutieuse jusqu'à consigner ce qu'elle avait pensé, n'exprime-t-elle pas aussi qu'elle s'essuya les mains, ou qu'elle sortit les mains pleines de sang ?

Je demanderai sur quelles données, lorsque rien n'avait fait soupçonner les approches du *travail*, l'accoucheur put-il croire la naissance assez imminente pour arriver imparfaitement vêtu ? Mme de Vathaire ignorait que la tête de l'enfant fût déjà sortie ; elle n'a pu le lui apprendre. En effet, que la princesse se fût écriée qu'elle était à l'instant d'accoucher, cela ne pouvait faire imaginer une telle imminence, une terminaison si prochaine et tellement anormale. Mme de Vathaire eût-elle même entendu, ce qu'elle n'a pas déclaré, les paroles de la duchesse, ces paroles ne devaient naturellement présenter à l'esprit que le désir ordinaire d'avoir au plus tôt l'accoucheur ; car la princesse ne jetait pas les hauts cris : personne ne l'a dit, ni Mme de Vathaire, ni Mme Bourgeois, ni le Sr Louis Franque, garde-du-corps de MONSIEUR, en faction à la porte de S. A. R. (1) Enfin, M. Deneux

____

(1) Louis Franque : « J'étais en faction à la porte de S. A. R. J'ai

déclare seulement qu'il *fut prévenu que la princesse*
RESSENTAIT LES DOULEURS DE L'ENFANTEMENT. (I)

Pourquoi donc, sans motif apparent, M. Deneux
arriva-t-il devant la princesse imparfaitement vêtu
(on a dit dans le public, les culottes à la main)? Ne
serait-ce pas pour faire croire qu'il était couché,
pour prévenir le soupçon de secrets préparatifs?

Je n'ignore pas, je dois le dire ici pour prévenir
une objection, que l'on cite quelques cas d'accouchement pour ainsi dire subits; mais ces cas, si
toutefois il est possible que la femme n'ait point été
plusieurs heures d'avance avertie par ses sensations,
du commencement du *travail,* ces cas sont de très-
rares exceptions. En concédant qu'il en fut de même
ici, ce sera une grosse invraisemblance de plus. Or,
une telle invraisemblance, rapprochée de toutes les
autres circonstances, revêt quelque peu dans l'espèce
le caractère d'une fausseté.

Remarquez que l'attention des témoins fut dé-
tournée tout entière vers le sexe de l'enfant, chose
facile à reconnaître; mais que l'on se garda bien,
comme vous pourrez en juger, d'appeler leur
attention sur l'enfant lui-même : j'entends de la
manière qu'il l'eût fallu pour constater qu'il appartenait à la duchesse de Berry.

Vous remarquerez encore l'absence de toute la
famille royale, l'absence inexplicable, pour qui en

» été le premier *prévenu* de l'événement. La dame qui me l'annonça
» m'ayant engagé à entrer.... »

(1) Voyez à la fin les pièces officielles.

ignore la cause, du principal intéressé, de celui qui devait porter là la clairvoyance de ses intérêts, *l'œil du maître* : le duc d'Orléans n'a point signé comme présent à l'accouchement. On s'attendait prochainement à l'accouchement; tous les témoins désignés par le roi couchaient aux Tuileries : pourquoi ce prince du sang ne vint-il pas, ne fut-il point appelé auprès de la duchesse, averti en même temps que les autres témoins, avant la section du cordon, qui ne fut coupé que *quelques minutes* après l'arrivée du duc d'Albuféra? pourquoi les autres princes de la famille royale n'y parurent-ils point? Ceux-ci étaient cependant au château, et le duc d'Orléans y couchait depuis trois jours.

Revenons. Si la soudaineté et la promptitude inouïe de l'accouchement (1) eurent pour cause l'extraordinaire énergie des contractions utérines, il dut être accompagné d'intolérables douleurs, et la princesse n'avait aucun motif de retenir ses cris : nous avons vu qu'elle ne cria pas. En accordant même que, par une autre exception encore, les contractions ne s'exprimassent point par de violentes douleurs, le passage prompt et violemment forcé d'un gros enfant dut en causer d'étranges. Si l'on prétend, si l'on veut supposer qu'une propice extensibilité locale favorisa l'accouchement au point que la douleur fut tolérable, quoiqu'il s'effectuât sans prélimi-

---

(1) Nicolas-Victor Lainé, en faction à la porte du pavillon Marsan, en entrant dans l'appartement de la princesse, *remarque que la pendule marquait deux heures trente-cinq minutes.* L'enfant était venu.

naires, en un instant et au moyen de très-faibles contractions utérines ; après un concours déjà si extraordinaire des circonstances de l'accouchement, au moins l'inertie consécutive de l'utérus était à craindre, on était menacé d'hémorrhagie foudroyante, on devait se conduire en conséquence : ce que l'on n'a pas fait, comme je le montrerai plus loin.

L'accoucheur arrivé, dit reconnaître que l'enfant n'était point encore détaché de sa mère : il fait remarquer cette circonstance à toutes les personnes présentes, à M. le duc d'Albuféra.

Observez que la plupart des témoins semblent s'attacher à constater la présence du noble maréchal ; chacun d'eux le nomme particulièrement ; tous semblent bien aises de corroborer du sien leur témoignage. On dirait que ce qu'ils ont vu, on sera tenté d'en douter encore, si le maréchal n'était là, s'il ne l'a vu comme eux. (1)

Le duc d'Albuféra, *ce témoin des témoins,* déclare que l'enfant n'était pas détaché de la mère. — Comment le maréchal put-il s'en assurer ? à quoi se borna, à quoi s'étendit son examen ? fit-il l'unique perquisition catégorique dans cette situation inouïe ? — Le respect, une délicatesse (mal entendue, sans doute, mais peut-être invincible) lui auraient-ils permis de demander seulement que l'accoucheur maintînt le cordon tendu et que la princesse voulût bien se soulever ?

____

(1) On pensait à juste titre que toute la France aurait foi en sa véracité. Plût à Dieu qu'il vécût encore !

L'examen qu'il fit, comme on pouvait s'y attendre,
fut l'affaire d'un coup-d'œil : « *Je reconnus en effet*
» A L'INSTANT *que l'enfant n'était point détaché de sa*
» *mère, et qu'il était du sexe masculin.* (1) »

---

(1) Après ce que l'on avait remarqué pendant la grossesse, après les
invraisemblances que j'ai rappelées, un accouchement subit, arrivé
si à propos, devient suspect. Tous les témoins ont vu, soit avec com-
plaisance, soit avec soumission, ou bien, par défaut de connaissances
spéciales, ont vu de confiance ce qu'on leur montra. Aucune précaution ultérieure ne fut prise pour prévenir et dissiper tout soupçon de
fraude, pour la découvrir si elle existait. On abusa de la droiture du
digne maréchal ; le guerrier ne fut que le jouet d'un artifice de cour.

Qui eût d'ailleurs osé faire entendre la vérité dans une situation
analogue à celle de l'antre du lion ?

Mais, dira-t-on, le maréchal a vu, tous les témoins ont vu.

— On voit mal les choses un peu complexes à la connaissance des-
quelles on est entièrement étranger, on n'y voit pas : pour bien voir,
il faut savoir. Ici, pour bien voir, il eût fallu de plus être sur ses
gardes, se défier et oser le témoigner. Il a suffi à tous ces témoins de
voir l'enfant *avec* un cordon ombilical, lequel, dirigé vers la mère,
pouvait être retenu sous elle. On avait pu faire adhérer à l'enfant un
cordon ombilical frais, au moyen d'une peau agglutinative. Les autres
dispositions allaient de suite ; on avait pu colorer l'enfant, une figue
placée dans la bouche, ou sa véritable mère peut-être l'avait empêché
de crier trop tôt.

— Mme de Gontaut a soin de déclarer qu'en entrant dans la
chambre, elle entendit *les premiers cris* de l'enfant.

On croira sans peine qu'une personne comme Mme la duchesse de
Gontaut, dans une si grave circonstance et si scabreuse, ne parla
point à la légère. Ces paroles pourraient avoir été dites avec l'intention
de faire entendre que l'enfant n'avait point été artificiellement endormi,
qu'il était bien éveillé, que c'était bien certainement un enfant naissant.

Dans cette supposition, examinons :

L'accoucheur dépose : « Au moment où j'arrivai près d'elle (la
» princesse), *j'entendis l'enfant crier.* »

Dans un cas de si haute et si majeure importance,
il y avait un moyen d'écarter tout soupçon de fraude,
moyen unique mais péremptoire : si le cordon ombilical tenait encore, l'arrière-faix restait dans les
entrailles de la mère.

L'accoucheur n'aurait-il pas dû déclarer aux nobles
témoins qui représentaient l'Europe et la France
attentives, que n'ayant pu assister à la naissance de
l'enfant, ils verraient de leurs yeux la sortie de
l'arrière-faix (placenta et membranes) ? Nulle considération ne devait empêcher que la mère de l'héritier
du trône se résignât à l'unique moyen de constater
sans replique la légitimité de l'enfant. Et l'on ne dira
pas que cette omission de la part de M. Deneux fut
occasionnée par la surprise que dut lui causer une
situation imprévue. Dans l'exercice de son art, où
il est si important de ne s'étonner jamais, cet habile accoucheur a trop d'expérience pour n'avoir

---

Et Nicolas-Victor Lainé : « Au moment où j'arrivai près d'elle (la
» princesse), il n'y avait encore que M. Deneux et une autre personne
» de la maison. » Ce n'était point Mme de Gontaut, puisqu'elle n'arriva
qu'après M. Deneux et après Mme Lemoine.

Et Mme Lemoine, garde-de-couches, déclare : « On est venu
« m'avertir en même temps que Mme de Gontaut ; j'arrivai quelques
» instans avant elle à l'appartement de S. A. R. : *l'enfant criait très-fort.* »

Ainsi, M. Deneux et Mme Lemoine avaient entendu l'enfant crier
auparavant Mme de Gontaut.

Le Sr Louis Franque, en faction à la porte de la princesse, ne dit
pas avoir entendu crier ni l'enfant, ni la mère.

Observez encore que sur dix-sept témoins, trois seulement appellent
l'attention sur les cris de l'enfant, et ces trois sont précisément les
plus intimes.

pas été capable de sa présence d'esprit habituelle.

Concédons même que la haute importance politique de cet événement inattendu n'eût pas laissé à M. Deneux la faculté de voir sur-le-champ, au milieu des soins qui l'occupaient, la conduite qu'il lui restait à tenir; il n'en pouvait être ainsi des docteurs Baron et Bougon : ils étaient là pour le conseil, ils avaient tout loisir de réfléchir. Pourquoi ne donnèrent-ils pas cet avis essentiel?

Mais je me trompe! qu'étaient dans cette affaire et l'accoucheur et les médecins? leurs modestes fonctions, circonscrites dans le matériel de la solennité, les autorisaient - elles à s'ériger en conseil politique? Un si généreux avis n'eût-il pas été accueilli d'un foudroyant *ne sutor ultrà crepidam?* Quel médecin d'ailleurs n'eût pas craint de commettre une dangereuse imprudence, eu égard à la situation apparente de la royale accouchée, en lui présentant directement une si offensante proposition? C'est aux parens seulement qu'elle pouvait d'abord être faite.

Où était le roi, où étaient les princes?

Par leur absence calculée, ils échappaient à cette proposition redoutée : ils rendaient toute collision impraticable, si quelque audacieux pouvait concevoir l'idée de la tenter.

Reprenons : MM. Baron et Bougon déclarent simplement, eux hommes de l'art aussi, *avoir vu* l'enfant non détaché sur sa mère. Quelle certitude chirurgicale en ont-ils acquise? Il résulte de la déclaration de M. Deneux, que ces docteurs ont vu l'enfant dans cette situation de la même manière que plusieurs gardes nationaux et gardes-du-corps et le duc d'Albuféra.

Voici la déposition du duc d'Albuféra : « Logé par ordre du roi au pavillon de Flore ; arrivé à deux heures quarante-cinq minutes, *S. A. R. était déjà accouchée.* Elle me dit : « M. le maréchal, vous » voyez que l'enfant me tient encore ; je n'ai pas voulu » que l'on coupât le cordon avant votre arrivée. » Je reconnus en effet à l'instant que l'enfant n'était point détaché de sa mère, et qu'il était du sexe masculin. La section du cordon ombilical n'eut lieu que quelques minutes après ; elle fut faite par M. Deneux, accoucheur de la princesse, en ma présence et en celle de.... MM. Bougon et Baron et Mme de Gontaut étaient aussi présens à cette opération : *lorsqu'elle fut terminée, S. A. R. donna l'ordre de faire entrer dans sa chambre tous les militaires qui étaient présens au château, ce qui fut exécuté.* »

Et le placenta (l'arrière-faix) resta-t-il dans les entrailles de l'auguste accouchée ? Mais la rétention indéfinie du placenta place la mère dans une situation éminemment dangereuse. C'est un accident très-grave, qui pourrait devenir mortel, qui oblige aux précautions les plus sévères. Nous verrons que l'on négligea les attentions les plus ordinaires, et que néanmoins la princesse ne cessa pas un instant de se bien porter.

Venons à la déclaration de M. Deneux. « A deux » heures et demie, je fus prévenu que S. A. R.

» *ressentait les douleurs de l'enfantement* : je courus
» sur-le-champ, et sans prendre le temps de m'habiller
» entièrement, à l'appartement de la princesse. *Elle*
» *n'avait point eu le temps d'être changée de lit.* Au
» moment où j'arrivai près d'elle, j'entendis l'enfant
» crier. Je reconnus qu'il était du sexe masculin et
» qu'il n'était point encore détaché de sa mère,
» LAQUELLE N'ÉTAIT POINT ENCORE DÉLIVRÉE. Il a été vu
» dans cet état par plusieurs gardes nationaux et
» gardes de MONSIEUR, par M. le duc d'Albuféra et
» MM. *Baron* et *Bougon.* D'après le désir de S. A. R.,
» l'enfant, jouissant d'une parfaite santé, la section
» du cordon n'a eu lieu qu'en présence de ces diffé-
» rentes personnes. (1) »

Ainsi la princesse n'était point encore délivrée,
ce qui veut dire que le placenta n'était point sorti :
le cordon ombilical est coupé ; puis, sur l'ordre de
Mme la duchesse de Berry, la chambre s'emplit
de monde, de tous les militaires qui étaient au
château. Quand donc fut effectuée la délivrance ?

____

(1) Les circonstances exigeaient, de la part du médecin Baron et du
chirurgien Bougon, des recherches qui ne pussent laisser aucun doute
possible. Cependant leur investigation ne fut pas plus faite selon l'art
que celle du duc d'Albuféra ; leur déclaration, que voici, est tout
aussi peu catégorique :

M. Baron : « *Je vis* l'enfant placé sur sa mère et non encore détaché
d'elle : je reconnus qu'il était du sexe masculin. »

M. Bougon : « L'enfant était placé sur sa mère, et lui était encore
attaché par le cordon ombilical. »

Ces déclarations, quoique faites par des médecins, n'offrent pas
plus de valeur que celles de la duchesse de Reggio : « Je vis sur le lit
l'enfant non encore détaché de sa mère ; » et du comte de Nantouillet :

Les partisans de la légitimité du duc de Bordeaux voudraient-ils prétendre que le placenta sortit sur ces entrefaites ? D'abord l'accoucheur devait, à cause de la disposition à une métrorrhagie (perte de sang en quantité extraordinaire par l'utérus), toujours imminente après un accouchement trop prompt, et celui-ci aurait été *explosif,* surveiller attentivement l'accouchée ; le placenta ne devait point sortir sans qu'il s'en aperçût. Ensuite, il est de précepte, dans ce cas, de ne point hâter la sortie du placenta, pour ne pas augmenter la déplétion subite de la matrice et le danger qui l'accompagne. Il devait donc s'écouler un certain temps, un temps vraisemblablement plus long que dans un autre accouchement, entre la section du cordon et l'accomplissement des soins que donne l'accoucheur après la sortie de l'enfant : enfin, c'est seulement après la sortie du placenta que l'on peut donner à la mère *les soins de propreté indispensables, la garnir, renouveler ses vêtemens et son lit.* Qui pourrait croire, après y avoir réfléchi, que dans

---

« La princesse me montra elle-même que l'enfant tenait encore. » Elles ne résultent, ainsi que les déclarations des autres témoins, que d'un coup-d'œil superficiel.

Ces autres témoins sont : Nicolas-Victor Lainé, Augustin Peigné, Hippolyte Dauphinot, Louis Franque et Augustin d'Hardivilliers.

Mais cependant ces déclarations ne sont pas tout-à-fait dénuées d'intérêt. L'enfant étant placé soit *sur le lit,* soit *sur la mère,* il en résulte qu'il a suffi aux deux docteurs eux-mêmes de voir le cordon dirigé vers l'organe de la mère, ou, peut-être, seulement s'enfonçant sous la couverture, pour qu'ils admissent, sans recherches ultérieures, le reste comme certain.

un véritable accouchement, immédiatement après
la section du cordon, qui tenait encore, dit-on,
à la mère, on eût fait, même sur l'ordre de la princesse, avant de l'avoir délivrée et d'avoir renouvelé
le lit de l'accouchée, entrer tout un monde? Comment devant tout ce monde eût-on opéré le renou-
vellement universel, depuis la coiffure jusqu'au lit?
ou bien la princesse fut-elle laissée indéfiniment dans
un lit baigné de sang, dans une situation dont on
s'empresse de sortir toute autre accouchée?

On sent assez de quelle importance est la délivrance (la sortie du placenta). On vient de voir que
dans le cas présent, cette importance, naturelle et
ordinaire, s'accroissait non-seulement de toute la
gravité d'un accouchement subit, mais encore de
tout l'intérêt de l'événement politique. Par conséquent, il est impossible que cette importance ait été
méconnue ou négligée de trois hommes de l'art dis-
tingués; impossible qu'ils n'en aient tenu compte,
au point de n'avoir fait nulle mention du placenta ni
de la délivrance.

Loin de moi la pensée d'inculper la conduite de
l'accoucheur. Une fois dans la confidence d'un pareil
projet, il devient impossible de n'en pas être ou
complice ou victime. Serait-ce pour faire ressortir
la vérité autant que le permet sa situation, que
M. Deneux *déclare que la mère n'était point encore
délivrée, que la section du cordon fut pratiquée en
présence de M. le duc d'Albuféra, etc.,* et qu'il garde
le silence sur le reste?

Dans cette *omission*, que l'on ne peut plus maintenant regarder comme involontaire, on aimerait à reconnaître le dessein consciencieux de faire distinguer
un jour la vérité à travers tous les déguisemens sous
lesquels il se trouvait forcé de la cacher. Ces mots :
LAQUELLE N'ÉTAIT POINT ENCORE DÉLIVRÉE, deviennent
une véritable révélation.

La preuve légale, à savoir l'accouchement en
présence de témoins appelés, par leur naissance ou
par l'ordre du roi, à assister dans la chambre, *à être
présens sous les rideaux de la royale accouchée* (1),
cette preuve, jugée si indispensable que, pour
l'obtenir évidente, irréfragable, l'étiquette, loi
impérieuse des cours, ne craint pas d'alarmer la
pudeur des reines, *cette preuve légale manquait.*
L'extraction du placenta, opérée en présence des
hauts témoins, eût fourni une preuve supplétive
équivalente. Or, non-seulement il ne fut point fait
mention de l'arrière-faix, mais l'accoucheur déclare
que S. A. R. n'était point délivrée, qu'il coupa le
cordon en présence du duc d'Albuféra. Et le

----

(1) C'est un droit et un devoir des princes du sang.

Le défaut de cette formalité est de nature à soulever une haute
question de jurisprudence. L'héritier du trône de France doit naître
devant les yeux des princes de la famille royale et des princes du sang,
comme parties intéressées. L'absence seule du duc d'Orléans fournirait
ici sujet de litige. Au moins, à défaut de l'observation des formes
établies et consacrées en France et y ayant force de loi, faudrait-il que
cette naissance fût incontestable sous tous les autres rapports ; faudrait-il
que l'on eût pris toutes les précautions possibles pour ne laisser lieu
à aucun doute.

duc d'Albuféra déclare que le cordon coupé, tout le monde fut admis. *Donc tout était terminé. Pas un mot de l'arrière-faix*(1)! Or, la sortie du placenta, opérée à la vue des témoins, pouvait seule, dans le cas présent, péremptoirement établir la légitimité. Cependant aucun des seize témoins n'a vu le placenta; le dix-septième, l'accoucheur, qui ne pouvait en méconnaître l'importance, n'en parle point. J'ai prouvé par surplus qu'il n'existe pas un instant auquel on puisse rapporter la sortie du placenta; j'ai démontré qu'il ne pouvait être resté dans les entrailles de la mère; *donc le sein de la duchesse de Berry, dans cette prétendue grossesse, ne renferma jamais le placenta; donc l'enfant n'était pas né d'elle.*

Après une telle conclusion, je pourrais considérer ma tâche comme achevée et m'arrêter ici; mais il ne sera pas sans importance d'examiner quelles nouvelles invraisemblances et quelles contradictions s'accumulent encore pendant les jours suivans.

---

(1) Il ne sera pas inutile de le répéter : lors d'un accouchement trop précipité, pour ne pas augmenter le danger de métrorrhagie, on se garde de hâter la sortie du placenta : on attend que son expulsion soit produite par le retour spontané de l'utérus sur lui-même, à moins que l'extraction n'en soit commandée par quelque circonstance. Il s'écoule ainsi un certain temps entre la section du cordon et la délivrance, laquelle est suivie, dans tous les cas, des soins que l'on donne à l'accouchée. Cependant ici, d'après les déclarations des témoins, la section du cordon fut suivie immédiatement de l'introduction de tous les militaires et gardes nationaux qui se trouvaient au château. Les journaux donnèrent à entendre que la chambre ne désemplit plus; ils rapportèrent que deux mille personnes furent admises à voir la princesse dans sa chambre.

LA COUCHE.

Cuncta strictè discussurus.
(*Dies iræ.*)

Tous les médecins savent que les accouchemens très-prompts exposent la femme à des suites graves, à une perte de sang foudroyante. L'accoucheur doit par conséquent se tenir sur ses gardes, surveiller attentivement l'accouchée, l'entourer de tous les soins hygiéniques, de toutes les précautions convenables; lui prescrire de rester couchée pendant plusieurs jours, en situation horisontale, dans le repos et le calme le plus absolus. Voyons comment l'auguste accouchée se conforma à ces indispensables précautions; examinons les inconséquences dont la réunion compacte confirmerait, s'il était besoin, le fait capital, la supposition de part.

Aussitôt la section du cordon terminée, il y eut foule dans la chambre. S. A. R. *Madame* ordonna de laisser entrer tout le monde. Elle fit approcher son lit de la fenêtre pour être vue du dehors; elle présentait de son lit son fils au peuple. — A huit heures du soir, un beau bouquet d'artifice fut tiré par l'artillerie de la garde royale (1). Permettrait-on ces imprudences à une autre femme? quelle est celle qui, sans nécessité, s'y exposerait volontairement?

---

(1) *Moniteur,* 1.ᵉʳ octobre, page 1331, 2.ᵉ colonne.

Ces mouvemens au lit sans aucune nécessité, cette foule intarissable dans la chambre de l'accouchée, ce feu d'artifice tiré près d'elle, vers lequel la princesse fait rouler son lit pour le regarder, forment contraste avec la feinte précaution de *sabler* la rue de Rivoli. (1)

Il est remarquable que la duchesse de Berry n'ait pas eu de *fièvre de lait* : cette fièvre se développe cependant avec plus de force chez les accouchées qui ne nourrissent point. On chercherait en vain à infirmer la valeur de cette remarque en objectant que l'absence de la fièvre de lait peut être attribuée à une idiosyncrasie (2). Cette idiosyncrasie n'existait point chez la princesse : à la naissance de MADEMOI-SELLE, il y eut fièvre de lait bien caractérisée ; elle dura au moins vingt-quatre heures. (3)

Cette fois, l'enfant étant gros et robuste, la fièvre de lait, chez une mère qui n'allaitait pas, devait être très-prononcée : un tel enfant ayant appelé à la matrice d'abondans matériaux de nutrition, le transport de cette quantité de sucs aux mamelles devait occasionner une forte fièvre. Les bulletins portent vaguement que S. A. R. a éprouvé les premiers symptômes de la sécrétion laiteuse, ils ne disent mot de la fièvre de lait ; il n'y en a donc pas eu. Nouvelle invraisemblance.

---

(1) On lit, *Moniteur* du samedi 14 octobre : « S. A. R. est parfaite-» ment bien ; on a enlevé le sable de la rue de Rivoli. »

(2) Disposition spéciale qui résulte du tempérament ou de la manière d'être individuelle. (*Dict. des Sc. médic.*)

(3) Voir le tableau à la fin.

Le 1.ᵉʳ octobre, jour où le lait se porta aux mamelles, où s'opéra la sécrétion laiteuse, qui avait commencé avant huit heures du matin, « les » forts de la Halle et les charbonniers de la ville de » Paris, tous en costume neuf, sont venus exécuter » diverses danses devant les croisées de M.ᵐᵉ la » duchesse de Berry. S. A. R. ayant fait approcher » son lit d'une fenêtre, a pris son fils entre ses bras » et l'a montré à ces braves gens. Elle a ordonné » ensuite que les portes de ses appartemens leur fussent » ouvertes, et tous ont pu contempler l'héritier de » nos Rois et son auguste mère. (1) »

A onze heures du matin, ce jour-là, les mamelles devaient être tendues, les mouvemens des bras douloureux. Et comme ces mouvemens augmentent l'afflux du lait aux mamelles, les médecins devaient avoir recommandé de s'en abstenir. S'il y avait eu accouchement, est-il vraisemblable que, seulement pour montrer l'enfant royal quelques instans plus tôt, la mère, à qui tout commandait encore un repos absolu, eût fait des mouvemens défendus et non sans douleurs, pour élever son fils aux yeux des charbonniers, tandis que l'instant d'après ces braves gens allaient le contempler à leur aise dans son berceau ?

M. Deneux reçut l'étoile de la Légion d'Honneur. Les incrédules trouvèrent le motif ostensible de cette nomination un peu banal et en soupçonnèrent un autre : « Le roi vient de nommer chevalier de l'ordre

____

(1) *Moniteur,* 5 octobre, page 1340, 2.ᵉ colonne.

» royal de la Légion d'Honneur M. Deneux, accou-
» cheur de S. A. R. Mme la duchesse de Berry. S. M.,
» pour donner à M. le docteur Deneux une marque
» particulière de sa satisfaction, a saisi l'occasion
» de l'événement le plus heureux que peut désirer la
» France, et auquel les talens de cet accoucheur
» et les soins assidus qu'il a donnés à S. A. R. pendant
» sa grossesse ont si efficacement contribué. » (1)

Bien des gens avaient douté de la grossesse; les plus pénétrans ne crurent point à l'accouchement. On se demanda quels soins le roi voulait récompenser en décorant M. Deneux. Les gens les plus crédules trouvaient extraordinaire que, malgré toutes les imprudences commises par la princesse, ou envers elle, un accouchement si subit n'eût point amené de suites dangereuses ou funestes; ils ne pouvaient concevoir comment il n'avait été question d'aucune précaution contre l'imminence connue d'une perte de sang foudroyante (2). Tout le monde demandait pourquoi, sans nécessité, la mère du dernier rejeton des rois avait été exposée à l'influence de plusieurs causes nuisibles, que l'on écarte soigneusement de toute autre accouchée?

Dans l'impossibilité de répondre à un tel déluge de questions, on insinua que tout cela, conception, naissance, accouchement, était un miracle; bientôt

____

(1) *Moniteur*, 3 octobre 1820, page 1341, 3.e colonne.

(2) Si l'on se fût avisé à temps de cette réflexion, les bulletins n'eussent pas manqué d'annoncer que l'accoucheur ne s'éloignait pas du lit de la princesse.

on résuma le tout sous le terme sacramentel *enfant du miracle;* on osa le dire hautement (1); peu s'en fallut qu'on ne l'imprimât dans le *Moniteur.* (2)

---

(1) Voici du plus nouveau. La *Gazette de France,* 1.er octobre 1833, contient une ode, dont je suis loin de contester la beauté. Ce n'est pas la sublimité des images que j'ai en vue dans les citations suivantes :

> « Il est né, l'enfant du miracle,
> . . . .
> » Les miracles ne trompent pas. »

Figaro disait : « Anciens petits mensonges assez mal plantés, deviennent de grosses grosses vérités. » Pour moi, je dis que dans la politique et dans les registres de l'état-civil,

> *Les miracles ne comptent pas.*

> « Courage ! C'est ainsi qu'ils naissent (les héros),
> » C'est ainsi que, dans sa bonté,
> » Un Dieu les sème; ils apparaissent
> » Sur des jours de stérilité. »

Ainsi la *Gazette* fait de Henri Dieudonné un Isaac, un Louis XIV, ou un autre JÉSUS; de sa mère une nouvelle Sara, une épouse longuement stérile, ou une Vierge Marie.

Passons l'hyperbole au poète; on pardonne des licences à l'ivresse de l'ode comme à celle du vin. En est-il de même de la judicieuse *Gazette?* — Abaisser ainsi Jésus, le Sauveur du monde, au rang des héros, est-ce bien orthodoxe? Si le journal religieux et monarchique n'y prend garde, il se fera interdire en Espagne.

Il faut remarquer, au bas de cette pièce, un *erratum* à corriger; je me trompe, un léger mensonge, que l'on a fait faire par le compositeur :   DE LAMARTINE, lisez : *de Lamartine.*

La *Gazette* trouve à cette brillante poésie tant d'à-propos, qu'au moyen de ce petit artifice typographique, elle veut faire passer pour nouvelle la mystique inspiration.

(2) Le lecteur me permettra pour quelques instans de m'adresser particulièrement aux gens honnêtes et de cœur droit auxquels l'Évangile promet d'emblée le royaume des cieux.

Je leur ferai observer qu'à mesure que l'on parvient à mieux

Puis, en vue de rétablir, s'il etait possible, quelque concordance entre l'étrange accouchement et des accessoires aussi disparates, pour *spécifier* en même temps un motif de la distinction accordée à

---

connaître les secrets de la nature, à mesure que les sciences physiques se perfectionnent, le nombre des faits regardés comme surnaturels diminue : plus une nation s'éclaire, plus le peuple en devient instruit, moins on y voit de miracles. — J'ai lu quelque part que dans l'Église catholique, la croyance aux miracles n'est d'obligation qu'à l'égard de ceux rapportés dans les Évangiles : quant aux autres miracles, ils peuvent être l'objet d'une pieuse et salutaire croyance; mais cette croyance est de surérogation, c'est-à-dire que l'on n'est point obligé d'y avoir foi, d'y croire : ni les commandemens, ni le *credo*, ni le catéchisme ne le prescrivent. — Si tant est que l'on en admette encore aujourd'hui de nouveaux, il faut que ce soit difficilement et rarement, puisqu'après avoir passé par la terreur de 93, qui couvrit la France de tant de martyrs, on n'en a recueilli aucun pendant les quinze ans de la restauration, même sous le règne d'un roi dévot. Les os du vertueux Louis XVI, que son testament élève au rang des héros chrétiens, n'ont pas fait de miracles.

Sans doute un miracle étant « un acte de la puissance divine contre l'ordre de la nature, » ne comporte point d'explication ; mais pour qu'un fait soit justement tenu pour miracle, il faut que ce fait, cet événement ne puisse être produit par aucun moyen humain, qu'on ne puisse y soupçonner aucun artifice. Voilà pourquoi, malgré l'hommage empressé que firent d'une grosse boule et de cœurs d'or, soixante personnes notables de Lille, à l'église de Migné, N. S. P. le Pape, instruit, par les savans qu'il consulta, qu'un semblable prestige pouvait être l'œuvre des hommes, ne voulut point reconnaître comme miraculeuse *l'apparition de la croix de Migné.* — J'ai montré, je pense, que l'accouchement peut s'être opéré tout autrement qu'on n'a voulu nous le dire. Or, si tout ce qui semble extraordinaire dans cet événement est le résultat de l'artifice des hommes, il n'y a plus là de miracle.

Mais, diront quelques croyans obstinés, ce que l'homme peut

M. Deneux, les conseillers du berceau firent insérer dans les journaux l'article suivant :

« On assure que le docteur Deneux, accoucheur
» de S. A. R. Mme la duchesse de Berry, a été assez
» heureux pour rendre un important service à

---

faire, il peut plaire à Dieu de le faire. — Si la chose dont il s'agit a été faite par les moyens naturels, il n'y a encore point de miracle. S'il elle l'a été par un pouvoir surnaturel, il faut qu'il soit clair comme le jour qu'elle provient de ce pouvoir surnaturel ; sinon, le miracle, ne pouvant être distingué avec certitude des événemens possibles, ne saurait passer pour miracle. Alors à quoi bon ? Dieu ne s'amuse point à nous intriguer par des jeux d'écolier. C'est pourtant ce qui aurait eu lieu pour le duc de Bordeaux : Dieu l'aurait fait naître devant un seul témoin. Or, si la chose laisse prise au moindre doute, il y a l'indéfini contre un, il y a tout à parier que c'est une imposture, une fourberie, plutôt qu'un miracle. Je répéterai donc : Dans le doute, abstiens-toi. Abstiens-toi de complots, de discours, de murmures ; à plus forte raison de révolte et d'assassinats.

D'autres, croyans *quand même*, m'adresseront, au sujet du miraculeux accouchement, le reproche d'impiété ; je leur répondrai : « Les miracles ne sont pas pour le salut de ceux qui les opèrent, mais pour le bien de ceux qui en sont les témoins ..... (*) » On avait pensé que la merveille de l'accouchement s'était opérée pour le salut de la France : serait-ce qu'il n'était destiné que pour le salut de Mme Bourgeois ? « On juge des miracles par la vie et les mœurs de ceux qui les font, vu qu'un miracle est toujours faux lorsqu'il commence par le péché (**). » Personne n'ayant réclamé l'honneur de votre miracle, il semble naturel de l'attribuer à la princesse. Faut-il vous dire que bien des gens l'aimaient davantage que le reste de sa famille, justement à cause de sa vie un peu mondaine ?

Assez sur le miracle. A moins pourtant que le grave *Moniteur* ne m'oblige à son tour à y revenir.

(*) (**) *Manuel de Méditations*, par l'abbé de Tuffet, aumônier de la garde royale. 1818.

» l'auguste accouchée *après sa délivrance.* Dans une
» position analogue à celle où se trouva l'infortunée
» princesse Charlotte d'Angleterre, il a su écarter le
» danger et rétablir le cours des choses *par une*
» *manœuvre habile et prompte,* exécutée avec pré-
» cision et sang-froid. » (1)

La délivrance, quand? le service, quel? — Il est
clair que cet article n'est qu'un replâtrage, au moyen
duquel on cherche à masquer les incohérences
précédentes (2). Nous avons vu, d'après les déclarations officielles, qu'il ne se trouve pas un instant
auquel on puisse rapporter cette prétendue manœuvre. Le terrible accident eût-il, même par
impossible, pu être dérobé à la connaissance de

---

(1) *Moniteur,* jeudi 5 octobre, page 1548, 2.ᵉ colonne.

(2) De quel accident, de quel danger veut-on parler? pourquoi ne
point le désigner, pourquoi toujours du vague? On n'ose pas dire que
ce soit une métrorrhagie ; on cherche seulement à le faire entendre.
Car à quel autre danger imminent une manœuvre eût-elle été ici
applicable? Mais crainte de trop s'avancer, peut-être, on insinue
d'autre part que c'est quelque chose semblable à la position mortelle
de la princesse Charlotte. Les passages suivans , d'un article de Fodéré ,
professeur d'accouchemens, inséré au *Journal complémentaire du*
Dictionnaire des Sciences médicales, tome III, 1819, pages 14 et 16,
éclairciront, je pense , la cause de cette mort prématurée.

Le professeur définit la fièvre puerpérale simple , « un état éminemment nerveux, un spasme abdominal, durant lequel les fonctions sont
interverties et les phénomènes secondaires à l'accouchement n'ont pas
lieu ou se font mal. » Quoique les progrès de la science rendent aujour-
d'hui cette définition très-contestable, elle établit néanmoins un état
pathologique (un état de maladie), celui de la princesse d'Angleterre.

Il ajoute, page 16 : « Chez les femmes sensibles et délicates, *épuisées*
par une gestation (grossesse), ou par un accouchement orageux, cet

tous les assistans, au moins l'accoucheur, de crainte qu'il ne se renouvelât, n'eût point souffert que l'accouchée se fût conduite immédiatement après avec tant de légèreté.

Des personnes qui ont vu et regardé en public la duchesse de Berry, vers la fin de sa grossesse, se souviendront que le ventre était peu volumineux : « cependant l'enfant vint au monde très-fort. Un vieux cuirassier exprime, avec l'énergie d'un soldat, combien est belle la constitution du petit prince (1) ! Un vieux soldat ne pouvait apprécier cela que par le développement du nouveau-né. » Or, chez une femme maigre et pas grande, vêtue comme alors, un gros enfant devait produire une rotondité considérable.

état peut éteindre subitement ce qui reste de vie. C'est ce qui est arrivé subitement à *une femme du plus haut rang,* dans la nuit du 5 au 6 octobre 1817. »

On trouve dans l'*Almanach-royal :* « Charlotte-Auguste, princesse d'Angleterre, décédée le 6 novembre 1817.

Malgré la différence de mois, il est évident que c'est la princesse Charlotte que le professeur a voulu désigner. Fodéré, qui soignait peu ses nombreuses et diffuses publications, put facilement laisser échapper cette erreur, qui n'est même peut-être qu'une faute d'impression.

La duchesse de Berry n'eut ni fièvre puerpérale, ni fièvre de lait. Nous avons tous vu si sa grossesse ou l'accouchement furent orageux. Il n'y avait donc pas la moindre *analogie* entre l'état des deux princesses. Et quelle *habile manœuvre* eût été praticable à l'égard de la princesse Charlotte, si elle mourut de l'épuisement résultant d'un excessif état nerveux ? — Les gens de l'art m'excuseront de m'exprimer comme on le faisait alors ; je parle aux gens du monde.

(1) *Moniteur,* 1.er octobre 1820, page 1331, 3.e colonne.

Cette seule condition de l'enfant était de nature à prolonger la durée de l'accouchement.

Il était bien décidé d'avance que la princesse aurait un garçon. « Auguste enfant (1), ta nais-
» sance fut révélée à ta mère ; elle seule, au milieu
» de l'anxiété générale, s'est montrée constamment
» calme et confiante ; elle n'a pas douté un instant
» qu'elle dût avoir un fils. Les expressions fortes
» et touchantes qui peignaient si énergiquement
» cette confiance, cette certitude même, connues
» de tout le monde, des dernières classes du
» peuple.... il n'est pas de cœurs qu'elle n'ait
» attendris, étonnés, même alarmés. » Et à travers des phrases mystiques, où l'on fait intervenir le Ciel et la Providence, on ose appeler un tel événement *un jugement de Dieu !* — Profanation ! Oui, *étonnés* de l'audace d'une aussi grossière imposture. *Alarmés,* tous le furent ; ceux qui approuvaient une telle fourberie, et plus encore ceux qu'elle indignait. Même dans les départemens, les partisans de la prétendue légitimité de l'enfant avaient honte de la soutenir, quelque mesurés que fussent le ton et les expressions dont on se servit : si l'on prononçait devant eux leur mot consacré, *enfant du miracle,* ils n'y voyaient que de l'ironie ; leurs traits s'allon-geaient ; ils ne trouvaient plus une parole ; ils fuyaient.

Des médailles avaient été frappées à l'avance, tant

____

(1) *Moniteur,* 1 er octobre, page 1332 , 2.e colonne. (Article extrait du *Journal de Paris,* qui était alors semi-officiel.)

on était sûr qu'il naîtrait un enfant mâle. « Quinze jours avant la naissance de S. A. R. le duc de Bordeaux, M. Henrionnet, graveur, avait offert à Mme la duchesse de Berry une grande et belle médaille en or, où l'on voit la France qui présente aux autels un royal enfant, avec cette simple et touchante légende : *Tu Carolus matri, nobis Henricus.* Cette médaille, alors prophétique, est devenue historique.

» La duchesse souscrivit pour soixante médailles, et envoya en outre mille francs à M. Henrionnet. » (1)

Que l'artiste, dans l'excès de son zèle, ait hasardé de devancer l'événement, la princesse devait-elle accepter cette médaille ? n'était-ce pas laisser voir qu'elle était certaine d'avance du sexe de l'enfant ?

Une dernière réflexion vient s'ajouter à mes remarques : MADEMOISELLE, qui était née bien portante, *avait été ondoyée* dans les vingt-quatre heures. Le *Moniteur* ne manqua pas de le dire, et même il le répéta (2). *Il ne fait point mention de l'ondoyement du duc de Bordeaux* (3). Comment n'assura-t-on pas

----

(1) *Moniteur,* 11 octobre, page 1373, 1.re colonne.

(2) « *L'enfant* (Mademoiselle) *a été ondoyée* par M. de Bombelles, premier aumônier de Mme la duchesse de Berry, assisté de M. le curé de la Magdeleine. » (*Moniteur,* jeudi 23 septembre 1819, page 1246, 2.e colonne.)

« Mademoiselle a été ondoyée par M. de Bombelles, évêque d'Amiens..... Elle sera tenue sur les fonts baptismaux par le Roi et *Madame.* » (*Moniteur,* lundi 27 septembre 1819, page 1263, 1.re colonne.)

(3) Le clergé n'eût pas manqué de publier un fait aussi exemplaire

la vie éternelle du précieux rejeton des rois très-
chrétiens? serait-ce que cet enfant, né depuis
quelque temps, avait déjà été ondoyé?

Ce *déficit* a donné lieu à un autre replâtrage, que
je n'aurais pas imaginé d'aller chercher dans la *Des-
cription des Cérémonies et des Fêtes du Baptême du
Duc de Bordeaux, et Recueil des Décorations, etc.,
par Hittorf et Le Cointe,* architectes; grand in-folio:
Paul Raynouard, 1827. — On y lit, pour la première
fois que je sache, que le duc de Bordeaux « FUT
ONDOYÉ le jour même de sa naissance, par M. de
Bombelles. » *(Page* 2.)

On peut toujours prendre acte de l'intention
réparatrice.

On y trouve encore : « Au moment où vingt-quatre
coups de canon annonçaient à la capitale la naissance
du duc de Bordeaux, douze hommes de chacun des
corps qui formaient la garde du château furent
admis dans l'intérieur des appartemens du pavillon
Marsan, pour voir l'auguste enfant. » *(Page* 1.re)

Cet ordre, pour avoir été établi en 1827, n'en
est pas moins admirable, car il semble exclure la

(acte solennel en raison du personnage), puisqu'il disposait du *Moniteur* pour des choses de moindre importance, telles que celles-ci :

« Paris, 29 mars.

» Demain, S. A. R. MONSIEUR remplacera le roi à la cérémonie
du *lavement des pieds* dans la galerie de Diane. »

— « Demain, Mgr. de Quelen, coadjuteur, archevêque de Traja-
nople, sacrera les huiles dans l'église Notre-Dame. » (*Moniteur* du
30 mars 1820, 1.re page, 1.re colonne.)

foule, qui, selon les journaux, circula dans la chambre.

Dans quelque cent ans, l'in-folio conservé, grâces à ses magnifiques gravures, devenu monument historique, prêtera son appui à la légitimité de Henri V.

Ainsi de la souscription Chambord.

La ruse! sans les pavés de juillet, elle réussissait pourtant.

N'est-ce pas le cas de rappeler ces paroles d'un très-noble et religieux pair : « ...... J'ignore ce qu'elle a décidé (la Providence) de l'avenir de cet enfant sorti du tombeau de son père, et que la calomnie la plus abjecte a poursuivi déjà jusque dans son berceau; mais je sens qu'il est téméraire de vouloir sonder des profondeurs dont Dieu seul a la clef. » *(Discours à la Chambre des Pairs, séance du 19 avril 1831.)* (1)

(Le Temps, *N.° du 21 avril, col.* 7991.)

On cherchera peut-être, à l'aide de raisonnemens sophistiques et de subtilités, à obscurcir la valeur de quelques-uns des matériaux que j'ai rassemblés; les faits sont là en masse, *liber scriptus.* On objectera qu'il eût été facile de ne pas donner lieu à plusieurs des invraisemblances que j'ai signalées; que ces invraisemblances n'infirment point la réalité de

---

(1) Ou bien, dirai-je encore avec M. le duc de Fitz-James : « Le temps de la vérité n'était pas encore arrivé. Aujourd'hui elle commence à se faire jour : bientôt les vapeurs ténébreuses dont elle fut si long-temps obscurcie, seront entièrement dissipées. La France raisonne, elle réfléchit, elle compare..... » *(Quotidienne,* 9 octobre 1833.)

[Lettre de M. le duc de Fitz-James à la *Gazette de Normandie.*]

l'accouchement; qu'il eût été possible de les éviter; et que si on ne l'a pas fait, c'est que le juste, confiant en son innocence et connaissant la réalité d'un fait, ne pense pas à s'entourer des précautions qui le rendraient incontestable.

Bon pour quelques invraisemblances! mais en rencontrer seulement parmi vos propres publications, tant et de si frappantes, lorsque la preuve légale du fait capital n'existe point,

— ?

« Courage, c'est ainsi qu'ils naissent!
» C'est ainsi que....................
» .... ils apparaissent
» Sur des jours de stérilité. »

Sans doute il ignorait dire si vrai, sans doute il n'était point initié au mystère, et il ne voulait pas se jouer par un double sens, le religieux et monarchique auteur qui, dans de touchans adieux à la Chambre des Pairs, à la France, laissait tomber ces mélancoliques paroles : « ...... Le 3o, on ne se contentait pas de deux abdications, et l'on disait à un enfant innocent : Si ce n'est toi, c'est donc TON PÈRE? il pouvait répondre : JE N'EN AI POINT. »

Mais l'agneau, s'exprimant dans la langue de Lafontaine, s'il eût été question de son père, eût répondu : Je n'en ai *plus*.

Renvoi d'une note de la page 16.

« On a encore présent à la mémoire les jours de trouble
et d'anxiété qui suivirent l'attentat sur le duc de Berry.
L'effroi, et alors sans espérance, était parmi les amis les
plus dévoués et les plus intimes de la branche aînée. La
monarchie, selon eux, était perdue et sans avenir. Vainement un rameau généreux, plein de sève et de vigueur,
s'élevait à côté des restes d'une famille poursuivie si opiniâ-
trément par la fatalité ; vainement nous avions d'autres fils
d'Henri IV, que les événemens de 1814 avaient aussi
ramenés dans leur patrie, sans avoir combattu contre elle ;
la famille des rois était encore toute vivace et riche de pos-
térité dans sa seconde branche. La loi féodale, la loi de la
légitimité l'appelait au trône ; et pourtant, rigoureux légitimistes qu'ils étaient, ils n'en pressaient pas moins les
personnages influens, les pairs, les députés, de tourner les
regards vers la branche d'Anjou, qui règne en Espagne,
quelles que fussent les renonciations solennelles de Philippe V
et de son aïeul. Pour eux alors, la légitimité n'était pas
inflexible. Leur haine pour le prince qui n'avait point par-
tagé celle qu'ils portaient aux nouvelles institutions du pays,
leur faisait illusion. Leur esprit était dans l'agitation qu'un
événement fatal et ses conséquences entretiennent, quand
un cri, subitement parti des Tuileries, annonça qu'un
enfant, un prince était né ! Il fut appelé Dieudonné, l'enfant du miracle..... Que les destins du jeune prince soient
paisibles ! Qu'il apprenne de bonne heure à connaître son
siècle et son pays, et surtout à se méfier et à se garantir des
intrigans ! Un enfant ne peut trouver une place dans nos
récriminations et nos ressentimens ; mais nous ne préten-
dons pas que ses amis et lui-même se croient en droit de

nous redemander comme un patrimoine injustement détenu. Nous ne sommes qu'à nous; nul ne peut se croire l'étrange mission de nous traîner aux pieds d'un maître, et c'est avec autant de prudence que de raison, que le chef de la famille déchue a, dit-on, repoussé des démonstrations dont le ridicule avait fait justice d'avance. Cette souveraineté qui est nous, nous la France, nous la nation, n'a jamais été contestée, même par le roi qui disait si fièrement : *L'état, c'est moi.* Dans l'édit célèbre qui appelait ses enfans légitimés au trône, il avouait que sa race défaillant, la nation rentrait dans ses droits de souveraineté et aurait à pourvoir à la vacance du trône. L'autre édit, qui a fait déchoir plus tard les enfans naturels du haut rang où la tendresse paternelle les avait fait monter, consacrait le même principe, et nous croyons ne pas nous tromper en disant que le rédacteur de cet édit était l'illustre chancelier d'Aguesseau. »

Signature, O.

(Le *Nord,* 5 octobre 1853.)

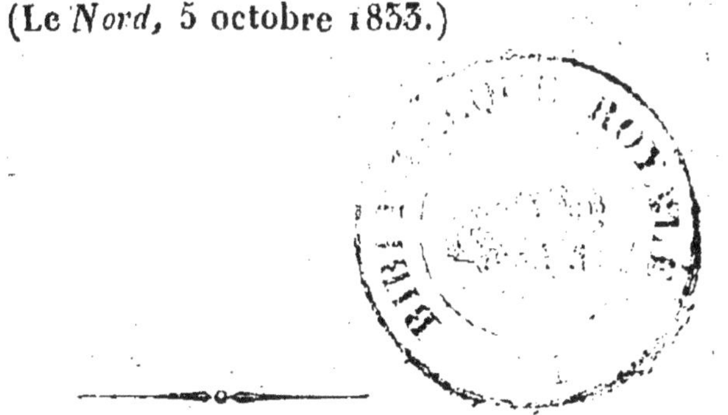

TABLEAU

DES BULLETINS DES DEUX COUCHES, CONCERNANT LA FIÈVRE DE LAIT.

(On pourra comparer de quelle manière ils s'expriment.)

NAISSANCE DE MADEMOISELLE.

Les médecins, au nombre desquels sont MM. Bougon et Deneux, constatent :

6.ᵉ bulletin. 23 septembre, huit heures du soir : S. A. R. a passé une bonne journée. *La sécrétion laiteuse commence, il n'y a pas encore de fièvre.*

7.ᵉ bulletin. 24 septembre, huit heures du matin : S. A. R. *est sans fièvre.*

8.ᵉ bulletin. 24 septembre, huit heures du soir : S. A. R. M.ᵐᵉ la duchesse de Berry *a éprouvé*, à son réveil, *les premières atteintes de la fièvre de lait.* La sueur s'est établie dans l'après-midi; tout annonce une terminaison prochaine de l'accès.

9.ᵉ bulletin. 25 septembre (pas d'heure) : M.ᵐᵉ la duchesse est bien; son sommeil a à peine été interrompu pendant la nuit.

10.ᵉ bulletin. 25 septembre (pas d'heure) : M.ᵐᵉ la duchesse de Berry *est sans fièvre depuis onze heures du matin.* *

Le 1.ᵉʳ bulletin et le 10.ᵉ sont signés :

PORTAL, ALIBERT, DISTEL, GUÉRIN (un peu estropié), BOUGON, DENEUX.

Tous les autres bulletins, seulement :

GUÉRIN, BOUGON, DENEUX.

(Moniteur, 24, 25 et 26 septembre 1819.)

NAISSANCE DU DUC DE BORDEAUX.

Jusqu'au 4.ᵉ bulletin inclus, il n'y a rien relativement au lait ni à la fièvre.

5.ᵉ bulletin. 1.ᵉʳ octobre, huit heures du matin : S. A. R. a dormi depuis onze heures du soir jusqu'à cinq heures du matin. *Elle a éprouvé les premiers symptômes de la sécrétion laiteuse.*

6.ᵉ bulletin. 1.ᵉʳ octobre, huit heures du soir : S. A. R. a bien passé la journée. *La sécrétion laiteuse continue avec régularité.*

7.ᵉ bulletin. 2 octobre, huit heures du matin : S. A. R. a passé une excellente nuit; ..... *très-bien ce matin.*

8.ᵉ bulletin. 2 octobre, huit heures du soir : *l'état de S. A. R. ne laisse rien à désirer.*

Signés, BARON, BOUGON, DENEUX.

(Moniteur, 3 et 4 octobre 1820.)

Nota. Remarquez qu'à la naissance de *Mademoiselle,* la duchesse de Berry était visitée par six médecins : à celle du duc de Bordeaux, elle fut réduite à trois.

A l'accouchement de Blaye, il y eut encore fièvre de lait.

---

* On voit que la fièvre a duré depuis le réveil du 24 au matin jusqu'au 25 à onze heures.

PROTESTATION

DU DUC D'ORLÉANS,

Insérée dans les journaux de Londres, les premiers jours
d'octobre 1820.

« S. A. R. déclare par les présentes qu'elle proteste formel-
lement contre le procès-verbal, daté du 29 septembre
dernier, lequel prétend établir que l'enfant nommé Henri-
Charles-Ferdinand-Dieudonné est le fils légitime de S. A. R.
Madame, duchesse de Berry.

» Le duc d'Orléans produira en temps et lieu les témoins
qui peuvent faire connaître l'origine de l'enfant et sa mère.
Il produira toutes les preuves nécessaires pour rendre manifeste que la duchesse de Berry n'a jamais été enceinte depuis
la mort infortunée de son époux ; et il signalera les auteurs
de la machination dont cette très-faible princesse a été
l'instrument.

» En attendant qu'il arrive un moment favorable pour
dévoiler cette intrigue, le duc d'Orléans ne peut s'empêcher
d'appeler toute l'attention sur la scène fantastique qui,
d'après le susdit procès-verbal, a été jouée au pavillon
Marsan.

» Le *Journal de Paris,* que tout le monde sait être un
journal confidentiel, annonça le 20 août dernier le prochain
accouchement dans les termes suivans :

« *Des personnes qui ont l'honneur d'approcher la princesse
» nous assurent que l'accouchement de S. A. R. n'aura lieu que
» du 20 au 28 septembre.* »

» Lorsque le 28 septembre arriva, que se passa-t-il dans
les appartemens de la duchesse?

» Dans la nuit du 28 au 29, à deux heures du matin, toute la maison était couchée et les lumières éteintes. A deux heures et demie, la princesse appela; mais la dame de Vathaire, sa première femme de chambre, était endormie; la dame Lemoine, sa garde, était absente, et le sieur Deneux, l'accoucheur, était déshabillé.

» Alors la scène changea. La dame Bourgeois alluma une chandelle, et toutes les personnes qui arrivèrent dans la chambre de la duchesse virent un enfant qui n'était pas encore détaché du sein de sa mère.

» Mais comment cet enfant était-il placé ?

» Le médecin Baron déclare qu'il vit l'enfant placé sur sa mère, et non encore détaché d'elle.

» Le chirurgien Bougon déclare que l'enfant était placé sur sa mère, et encore attaché par le cordon ombilical.

» Ces deux praticiens savent combien il est important de ne pas expliquer plus particulièrement comment l'enfant était placé sur sa mère.

» Mme la duchesse de Reggio a fait la déclaration suivante :

« Je fus informée sur-le-champ que S. A. R. ressentait les » douleurs de l'enfantement. J'accourus auprès d'elle à l'instant » même, et en entrant dans la chambre, je vis l'enfant sur le » lit et non encore détaché de sa mère. »

» *Ainsi, l'enfant était sur le lit, la duchesse dans le lit, et le cordon ombilical introduit sous la couverture.*

» Remarquez ce qu'observa le sieur Deneux, accoucheur, qui, à deux heures et demie, fut averti que la duchesse ressentait les douleurs de l'enfantement, qui accourut sur-le-champ auprès d'elle sans prendre le temps de s'habiller entièrement, qui la trouva dans son lit et entendit l'enfant crier.

» Remarquez ce que vit le sieur Franque, garde-du-corps de Monsieur, qui était en faction à la porte de S. A. R., et qui fut la première personne informée de l'événement par une dame qui le pria d'entrer.

» Remarquez ce que vit le sieur Lainé, garde national, qui

était en faction à la porte du pavillon Marsan, qui fut invité par une dame à monter, monta, fut introduit dans la chambre de la princesse, où il n'y avait que le sieur Deneux et une autre personne de la maison, et qui, au moment où il entra, observa que *la pendule marquait deux heures trente-cinq minutes.*

»Remarquez ce que vit le médecin Baron, qui arriva à deux heures trente-cinq minutes, et le chirurgien Bougon, qui arriva quelques instans après le sieur Baron.

»Remarquez ce que vit le maréchal Suchet, qui était logé par ordre du roi au pavillon de Flore, et qui, au premier avis que S. A. R. ressentait les douleurs de l'enfantement, *se rendit en toute hâte à son appartement, mais n'arriva qu'à deux heures quarante-cinq minutes,* et qui fut appelé pour assister à la section du cordon ombilical quelques minutes après.

»Remarquez ce qui doit avoir été vu par le maréchal de Coigny, qui était logé aux Tuileries par ordre du roi, qui fut appelé lorsque S. A. R. était délivrée, qui se rendit en hâte à son appartement, mais qui n'arriva qu'un moment après que la section du cordon avait eu lieu.

»Remarquez enfin ce qui fut vu par toutes les personnes qui furent introduites après deux heures et demie jusqu'au moment de la section du cordon ombilical, qui eut lieu quelques minutes après deux heures trois quarts.

»*Mais où étaient donc les parens de la princesse pendant cette scène qui dura au moins vingt minutes? Pourquoi, durant un si long espace de temps, affectèrent-ils de l'abandonner aux mains de personnes étrangères, de sentinelles et de militaires de tous les rangs? Cet abandon affecté n'est-il pas précisément la preuve la plus complète d'une fraude grossière et manifeste? N'est-il pas évident qu'après avoir arrangé la pièce, ils se retirèrent à deux heures et demie, et que, placés dans un appartement voisin, ils attendaient le moment d'entrer en scène et de jouer les rôles qu'ils s'étaient assignés?*

»*Et, en effet, vit-on jamais, lorsqu'une femme, de quelque classe que ce soit, était sur le point d'accoucher, que, pendant la nuit, les lumières fussent éteintes ; que les femmes placées auprès d'elle fussent endormies ; que celle qui était plus spécialement chargée de la soigner, s'éloignât ; que son accoucheur fût déshabillé, et que sa famille, habitant sous le même toit, demeurât plus de vingt minutes sans donner signe de vie ?*

»S. A. R. le duc d'Orléans est convaincu que la nation française et tous les souverains de l'Europe sentiront toutes les conséquences dangereuses d'une fraude si audacieuse et si contraire aux principes de la monarchie héréditaire et légitime.

»Déjà la France et l'Europe ont été victimes de l'usurpation de Bonaparte. Certainement une nouvelle usurpation, de la part de Henri V, amènerait les mêmes malheurs sur la France et sur l'Europe.

»Fait à Paris, le 30 septembre 1820. »

PIÈCES OFFICIELLES

DU *MONITEUR.*

EXTRAIT *des registres de l'état-civil de la maison royale.* [1]

« L'an de grâce 1820, le 29.ᵉ jour du mois de septembre, à trois heures et demie du matin, nous Charles-Henri Dambray, chevalier, chancelier de France, président de la Chambre des Pairs, etc., remplissant les fonctions d'officier de l'état-civil de la maison royale ;

» Accompagné de Charles-Louis Huguet, marquis de Sémonville, pair de France, grand-référendaire, etc.. et de Louis-François Cauchy, garde des archives de ladite Chambre, dépositaire des registres de l'état-civil ;

» Sur l'avis à nous donné par le grand-maître des cérémonics de France, que M.ᵐᵉ la duchesse de Berry était prise des douleurs de l'enfantement, nous nous sommes transportés au palais des Tuileries, pavillon Marsan, résidence actuelle de S. A. R. très-haute et très-puissante princesse Caroline-Ferdinande-Louise, princesse des Deux-Siciles, duchesse de Berry, veuve de très-haut et très-puissant prince, etc., etc., *à l'effet d'y constater la naissance* de l'enfant dont est demeurée enceinte ladite princesse, en dresser procès-verbal, et recevoir l'acte de naissance prescrit par le Code civil.

» Arrivés audit palais et conduits à l'appartement de M.ᵐᵉ la duchesse de Berry, nous y avons trouvé S. A. R. *déjà heureusement accouchée* d'un enfant du sexe masculin, ainsi que nous l'avons vérifié ; ledit enfant, né à deux heures trente-cinq minutes du matin, ainsi que nous l'ont déclaré les

---

[1] *Moniteur,* 30 septembre 1820.

témoins de l'événement désignés ci-dessus, et qui, d'après les ordres du roi, à nous transmis par le grand-maître des cérémonies, doit se nommer Henri-Ferdinand-Marie-Dieudonné d'Artois, duc de Bordeaux. »

(Suit la déclaration desdits témoins.)

« 1.° Louis - Gabriël Suchet, duc d'Albuféra, pair et maréchal, etc., *l'un des témoins désignés par le roi,* déclare ce qui suit :

« *J'étais logé par ordre du roi au pavillon de Flore. Au* »*premier avertissement* qui me fut donné des douleurs que res- »sentait S. A. R. Mme la duchesse de Berry, *je m'empressai de* »*me rendre à son appartement ; j'y arrivai à deux heures quarante-* »*cinq minutes.* A mon arrivée dans la chambre de la princesse, »*S. A. R. était déjà accouchée.* Elle me dit : *M. le maréchal,* »*vous voyez que l'enfant me tient encore ; je n'ai point voulu que* »*l'on coupât le cordon avant votre arrivée.* Je reconnus en effet »à l'instant que l'enfant n'était point détaché de sa mère, et »qu'il était du sexe masculin. La section du cordon ombilical »n'eut lieu que quelques minutes après ; elle fut faite par »M. Deneux, accoucheur de la princesse, en ma présence et »en celle de plusieurs gardes nationaux, qui avaient été »appelés pour en être témoins, et dont trois étaient arrivés »avant moi auprès du lit de la princesse. MM. Bougon et »Baron, et Mme de Gontaut étaient aussi présens à cette »opération ; *lorsqu'elle fut terminée, S. A. R. donna l'ordre de* »*faire entrer dans sa chambre tous les militaires qui se trouvaient* »*au château, ce qui fut exécuté.*

»Et a signé :

»Le maréchal duc d'ALBUFÉRA. »

« 2.° Marie-François-Henri de Franquetot, duc de Coigny, pair et maréchal, etc., *témoin pareillement désigné par le roi,* etc., déclare ce qui suit :

« *Je logeais par ordre du roi, et depuis quelques jours, au* »*château des Tuileries.* Je fus averti que S. A. R. venait d'ac- »coucher ; *je m'empressai de me rendre à son appartement. Au*

»*moment où j'y arrivai, la section du cordon ombilical venait*
»*d'avoir lieu* en présence de M. le duc d'Albuféra et de
»plusieurs autres personnes présentes. Je reconnus que
»l'enfant était du sexe masculin.

    »Et a signé :

          »Le maréchal duc de COIGNY. »

« 3.º Nicolas-Victor Lainé, âgé de vingt-quatre ans,
marchand épicier, demeurant rue de la Tixeranderie, N.º 52,
grenadier au 4.º bataillon, 9.º légion de la garde nationale
de Paris, déclare ce qui suit :

« J'étais en faction à la porte du pavillon Marsan ; une
»dame vint m'engager à monter dans l'appartement de
»M.ᵐᵉ la duchesse de Berry, pour attester que S. A. R. était
»accouchée d'un prince; j'y montai de suite. Je fus introduit
»dans la chambre de la princesse, *où il n'y avait encore que*
»*M. Deneux et une autre personne de la maison. Au moment où*
»*j'y entrais, je remarquai que la pendule marquait deux heures*
»*trente-cinq minutes.* La princesse m'invita elle-même à vérifier
»le sexe de l'enfant, et la circonstance qu'il n'était pas encore
»détaché de sa mère; je reconnus, en effet, qu'il en était
»ainsi. Bientôt après arrivèrent MM. Peigné et Dauphinot,
»M. le duc d'Albuféra, et ensuite M. Trioson. Ce n'est
»qu'après leur arrivée, et en leur présence, qu'a eu lieu la
»section du cordon, après vérification faite du sexe de
»l'enfant, qui a été reconnu être du sexe masculin.

    »Et a signé :

          »LAINÉ. »

« 4.º Augustin-Pierre Peigné, âgé de trente-quatre ans,
pharmacien, demeurant place Baudoyer, N.º 1, premier
sous-lieutenant de grenadiers au 4.º bataillon, 9.º légion
de la garde nationale de Paris, déclare ce qui suit :

« J'étais devant la porte, lorsqu'un officier vint m'engager
»à me rendre avec un autre témoin dans l'appartement de
»S. A. R. J'y montai avec M. Dauphinot. La princesse m'or-
»donna de vérifier le sexe de l'enfant, que je reconnus être

» masculin, et *M. Deneux me fit voir qu'il n'était pas encore*
» *détaché de sa mère.*

          » Et a signé :
                                        » A. Peigné. »

 « 5.° Hippolyte-Louis Dauphinot, âgé de trente-huit ans,
employé, demeurant à Paris, rue de Jouy, N.° 8, sergent
de grenadiers au 4.ᵉ bataillon, 9.ᵉ légion de la garde nationale de Paris, déclare ce qui suit :

 « On vint prévenir au poste que M.ᵐᵉ la duchesse de Berry
» venait d'accoucher. Je montai avec M. Peigné ; je vis l'enfant
» mâle dont la princesse était accouchée, tenant encore à sa
» mère. J'éclairai M. Deneux au moment où il opéra la section
» du cordon ombilical.

          » Et a signé :
                                        » Dauphinot. »

 « 6.° Pierre-Antoine Trioson-Sadoury, âgé de quarante-
neuf ans, négociant, demeurant Place Royale, N.° 26, capitaine de grenadiers au 4.ᵉ bataillon, 9.ᵉ légion de la garde
nationale de Paris, déclare ce qui suit :

 « J'étais au poste du pavillon de Flore. On vint m'avertir
» de l'accouchement de S. A. R. ; je m'empressai de me rendre
» à son appartement : je fus introduit dans la chambre au
» moment *où la section du cordon venait d'être opérée,* en présence
» de M. le duc d'Albuféra et de plusieurs gardes nationaux et
» autres. J'ai reconnu que l'enfant était du sexe masculin.

     —   » Et a signé :
                                        » Trioson-Sadoury. »

 « 7.° Louis Franque, âgé de trente ans, garde-du-corps de
Monsieur, de 1.ʳᵉ classe, demeurant à l'hôtel des Gardes,
déclare ce qui suit :

 « J'étais en faction à la porte de S. A. R., et j'ai été le
» premier prévenu de l'événement ; la dame qui me l'annonça
» m'ayant engagé à entrer, je laissai un instant mon fusil,
» j'entrai dans la chambre, et je vis l'enfant mâle dont la
» princesse venait d'accoucher, non encore détaché de sa mère.

          » Et a signé :
                                        » Franque. »

« 8.° Augustin-Charles-Henri d'Hardivilliers, âgé de trente-trois ans, capitaine de grenadiers au 5.° régiment de la garde royale, demeurant à Paris, rue du Bac, N.° 120, déclare ce qui suit :

« J'étais à mon poste. On vint me dire que S. A. R. res-
»sentait les douleurs de l'enfantement : je me rendis à son
»appartement ; on me fit entrer dans sa chambre : je vis
»l'enfant non encore détaché de sa mère. Je sortis aussitôt
»pour aller chercher M. le duc d'Albuféra ; mais il s'était
»croisé avec moi, et je ne le trouvai plus à son appartement.

»Et a signé :

»D'Hardivilliers. »

« 9.° Rose-Joséphine Gauné de Cazau, femme de Vathaire, première femme de chambre de S. A. R., âgée de quarante-huit ans, demeurant au pavillon Marsan, déclare ce qui suit :

« J'occupe une chambre joignant immédiatement celle de
»la princesse, et dont la porte restait ouverte pendant la
»nuit. J'avais quitté S. A. R. en parfaite santé à deux heures
»du matin, et je dormais depuis peu de temps, lorsque je
»fus réveillée par la voix de *Madame* qui appelait à elle. J'y
»courus à l'instant même. Mme Bourgeois y arriva en même
»temps que moi. *La princesse me dit qu'elle était à l'instant
»d'accoucher.* On m'avait confié la clef des appartemens des
»enfans de S. A. R., afin que je pusse avertir aux premières
»souffrances M. Deneux, accoucheur de la princesse, et
»Mme de Gontaut ; *je m'empressai d'y courir.* Lorsque je revins,
»Mme Bourgeois me dit que la princesse était accouchée : je
»vis en effet l'enfant tenant encore à sa mère. S. A. R. me
»dit que c'était un garçon, ce que je vérifiai. Il n'y avait
»encore auprès de la princesse que Mme Bourgeois et moi ;
»je pensai qu'il fallait appeler quelqu'un pour être témoin :
»on alla chercher le garde-du-corps et le garde national qui
»se trouvaient de faction, et successivement il arriva plusieurs
»autres personnes, parmi lesquelles se trouvait M. le duc
»d'Albuféra. La section du cordon n'a eu lieu qu'en leur

»présence. On avait envoyé de Pau à la princesse, du vin de
»Jurançon et une gousse d'ail : S. A. R. s'en souvint, et
»demanda qu'on fît boire à l'enfant de ce vin , et qu'on lui
»frottât les lèvres avec la gousse d'ail; ce qui fut exécuté par
»S. M. elle-même , qui était survenue dans l'intervalle.

» Et a signé :

»GAUNÉ-CAZAU DE VATHAIRE. »

« 10.° Charlotte-Marie Villemenot, femme Bourgeois,
âgée de trente-six ans, femme de chambre ordinaire de
S. A. R., demeurant au pavillon Marsan , déclare ce qui suit :

« J'avais quitté à deux heures S. A. R. pour me retirer
»dans ma chambre, qui est très-voisine de la sienne , et dont
»la porte restait ouverte. A peine étais-je endormie, que
»la princesse s'est écriée : M.*me Bourgeois, vite ! il n'y a pas un*
»*seul moment à perdre.* Je sautai en bas de mon lit, je tirai les
»sonnettes, et à peine étais-je arrivée au lit de la princesse,
»que je reçus la tête de l'enfant. La princesse demanda
»aussitôt de la lumière, car il n'y en avait pas en ce moment;
»j'allumai un flambeau à la lampe : *Dieu, quel bonheur !* s'est
»écriée la princesse ; *c'est un garçon : c'est Dieu qui nous l'envoie.*
»M.*me* de Vathaire, arrivée en même temps que moi, était
»allée aussitôt prévenir M. Deneux : à son retour, et sur
»l'ordre de la princesse, *qui désirait qu'on fît entrer le plus de*
»*témoins possible,* j'allai chercher le garde-du-corps de
»MONSIEUR et le garde national qui se trouvaient de faction :
»ils arrivèrent aussitôt, et furent suivis de plusieurs autres.
»Bientôt après arriva M. le duc d'Albuféra : ce n'est qu'après
»son arrivée et lorsqu'il eut vérifié le sexe de l'enfant, qu'eut
»lieu la section du cordon ombilical.

»Et a signé :

»C.-M., F.° BOURGEOIS. »

«11.° Marie-Charlotte-Julienne-Eugénie de Coucy, duchesse de Reggio, âgée de vingt-neuf ans, dame d'honneur
de S. A. R., demeurant au pavillon Marsan, déclare ce qui suit :

« J'ai été avertie sur-le-champ que S. A. R. ressentait les

» douleurs de l'enfantement : je m'y suis rendue à l'instant
» même. En entrant, je vis sur le lit l'enfant non encore
» détaché de sa mère : la princesse m'apprit que c'était un
» garçon; j'allai sur-le-champ en prévenir S. A. R. Monsieur.

» Et a signé :

» La maréchale Oudinot, duchesse de Reggio. »

« 12.° Marie-Louise-Joséphine de Montaut, vicomtesse de
Gontaut-Biron, âgée de quarante-sept ans, gouvernante des
enfans de feu S. A. R. le duc de Berry, demeurant au pavillon
Marsan, déclare ce qui suit :

« A deux heures et demie, Mme de Vathaire vint m'avertir
» que S. A. R. ressentait les douleurs de l'enfantement : je
» m'y rendis aussitôt. En entrant dans la chambre, j'entendis
» les premiers cris de l'enfant. *Madame* s'est écriée, en me
» tendant les bras : « C'est Henri! » J'ai reconnu que l'enfant
» n'était point encore détaché et était du sexe masculin. Au
» même moment sont arrivés des gardes nationaux appelés
» par les ordres de S. A. R., et immédiatement après M. le duc
» d'Albuféra. *Ce n'est qu'en sa présence, et après vérification par lui*
» *faite du sexe de l'enfant, que la section du cordon ombilical a eu lieu.*

» Et a signé :

» M.-L.-J. de Montaut, vicomtesse de Gontaut. »

« 13.° Ursule-Antoinette Blaise, femme Lemoine, âgée de
quarante-quatre ans, garde de S. A. R. *Madame*, demeurant
au pavillon Marsan, déclare ce qui suit :

« On est venu m'avertir en même temps que Mme de
» Gontaut. J'arrivai quelques instans avant elle à l'appartement
» de S. A. R. L'enfant criait très-fort, et n'était point encore
» détaché de sa mère : je reconnus qu'il était du sexe masculin.

» Et a signé :

» Ve Lemoine. »

« 14.° Louis-Charles Deneux, âgé de cinquante-trois ans,
docteur en médecine, accoucheur de S. A. R., demeurant
rue de l'Université, N.° 62, déclare ce qui suit :

« A deux heures et demie, je fus prévenu que S. A. R. res-
» sentait les douleurs de l'enfantement. Je courus sur-le-
» champ, et sans prendre le temps de m'habiller entièrement,
» à l'appartement de la princesse : *elle n'avait point eu le temps*
» *d'être changée de lit.* Au moment où j'arrivai près d'elle,
» j'entendis l'enfant crier; je reconnus qu'il était du sexe
» masculin, et qu'il n'était point encore détaché de sa mère,
» *laquelle n'était point encore délivrée :* il a été vu dans cet état
» par plusieurs des gardes nationaux et gardes de MONSIEUR,
» par M. le duc d'Albuféra et par MM. Baron et Bougon.
» D'après le désir de S. A. R., l'enfant jouissant d'une par-
» faite santé, la section du cordon n'a eu lieu qu'en présence
» de ces différentes personnes.

     » Et a signé :

              » DENEUX, *accoucheur.* »

« 15.° Jacques-François Baron, âgé de trente-neuf ans,
médecin des enfans de feu S. A. R. M. le duc de Berry, demeurant rue du Four-Saint-Germain, N.° 47, déclare ce
qui suit :

« Arrivé à deux heures trente-cinq minutes dans la chambre
» de S. A. R., *je vis l'enfant placé sur sa mère et non encore détaché*
» *d'elle.* Je reconnus qu'il était du sexe masculin. La section
» du cordon n'eut lieu qu'après l'arrivée de M. le duc d'Albuféra
» et de plusieurs autres témoins.

     » Et a signé :

              » BARON. »

« 16.° Charles-Jacques-Julien Bougon, âgé de quarante-
un ans, premier chirurgien de S. A. R. MONSIEUR, demeurant
rue Saint-Honoré, N.° 333, déclare ce qui suit :

« Je suis arrivé dans la chambre de S. A. R. *Madame* sur
» le premier avis qui m'en a été donné, et quelques instans
» après M. Baron. *L'enfant était placé sur sa mère,* et lui était
» encore attaché par le cordon ombilical, dont la section n'a
» eu lieu qu'après l'arrivée et en présence de M. le duc

» d'Albuféra et de plusieurs autres témoins. Je reconnus que
» l'enfant était du sexe masculin.

» Et a signé :

» BOUGON. »

« 17.° Alexandre-Marie-Louis-Charles Lallemant, comte
de Nantouillet, âgé de soixante-un ans, premier écuyer du duc
de Berry, demeurant à l'Élysée-Bourbon, déclare ce qui suit :

« A deux heures trois quarts environ, je fus averti que
» Mme la duchesse de Berry éprouvait les douleurs de l'enfan-
» tement. Je courus à son appartement, et, par son ordre,
» j'approchai de son lit. *La princesse me montra elle-même que*
» *l'enfant tenait encore.* Je reconnus qu'il était du sexe masculin.

» Et a signé :

» Le comte de NANTOUILLET. »

A cette information étaient présens le duc de Richelieu,
le comte de Pradel et le marquis de Dreux-Brézé. Le procès-
verbal, inscrit sur le double registre de l'état-civil de la
maison royale, a été signé (avec le chancelier et les témoins
désignés par le roi) par tous les membres de la famille royale,
les princes et princesses du sang, et les trois fonctionnaires
ci-dessus. On a immédiatement procédé à la réception de
l'acte de naissance, lequel a été signé comme le procès-
verbal, et de plus, par les ministres. Sont venues ensuite,
avec permission du roi, de nombreuses signatures de prélats,
pairs, maréchaux, capitaines des gardes et gentilshommes.

FIN.

TABLE.

www.ingramcontent.com/pod-product-compliance
Lightning Source LLC
Chambersburg PA
CBHW061422060726
47597CB00003B/1120